진정 살아남고 싶은 그대에게

PART Ⅱ

행복 혁명

a시인

글 • 그림

창조문학사

차례

차례

책을 열며

한 사람이
한 세상을
한 없이 산다는 것

이것 하나가 왜 이렇게 힘들까요?

평생을 청년들, 대학생들 앞에서 가르쳐 왔습니다.
그 청년들은 이제 사십대 중반이 넘었습니다.

중년의 그들이나
제가 지금 가르치고 있는 이삼십 대 청년들이나
가르치는 저나
어리석기는 마찬가지입니다.

우리가 지나온 삶을 양심적으로 돌아보면 당신이나 저나
얼마나 많은 이런 저런 실수들을 하며 살아왔습니까?

그 사람
잘못 보아

그 직업 그 사업
잘못 생각하여

깎여진 모래알보다 많은
이 일, 저 일 잘못 판단하여

내 인생 큰 상처 되어 항상 후회와 원한으로

남아 영혼 속 가시 되어 바람 잔잔할 때도 흔들리며 찌릅니다.

사람들이 어리석지 않다면 털만큼 많은 그 실수들을
생각과 말과 행동으로 하고 살아왔겠습니까?
그 실수가 후회되기도 하고 억울하기도 하여 그 실수를 저지른 시점으로 돌아가 정말 다시하면 인생이 확 달라지며 지금의 삶이 너무도 좋아지겠지만, 인생의 규칙은 그럴 수가 없다는 것 아시지요?

이제부터라도
행복하게 살았으면 좋겠습니다.

인생 2막 3막은 분명 존재합니다.
그럼에도 불구하고 거의 모든 사람들은 1막에서 살았던 것처럼

흔들리고 흔들리며
때로는 뿌리까지 뽑혀

버려지며 인생을 끝내가고 있습니다.
안타까운 일입니다.
참으로 불쌍한 일입니다.

당신은 지쳐가고 있습니다.
화가 나있고 불안하기만 합니다.
그 곁에 있는 당신도 행복하지 않고요.
이 세상은 현재 더욱 더 심각한 위험에 처해 가고 있습니다.

우리는 이제 어떻게 해야 합니까?

우선 나의
당신의 현실이 어떻고
세상이 현재 어떤 상황인가를
정확히 알아야

합니다. (**실제로는 잘 모르는 것이 문제**입니다.)

그리고는,
그동안 그렇게 살아온 것에 대한 뼈아픈 각성이 있어야 합니다.
이렇게 살면 안되겠다,
이렇게 마무리해 나가면 안되겠다… 이렇게요.
좀 더 확실하게 하려면
"내가 이러다간 얼마 못가 죽고 말겠다."
라는 심각한 참회와 각오가 있으면 더 좋겠지요.

그런 다음,
돌아서야 합니다.
지금 해 왔던 대로 하면 결과는 당연히 지금의 상태밖에 안됩니다.

지금 한국은
자살률, 이혼율, 저출산율,
교통사고사망자수, 폐암 사망률, 1인당 술 소비량,
근로시간, 저임금 근로자 비중, 공교육 민간부담률,
남성 흡연율, 양극화 지수, 온실가스 증가율, 스트레스와 우울증 환자… 분야에서 OECD 국가 중 1,2위에 있다고 합니다.
한국 행복지수는 34개국 중 32위이고요.
말하기 불편하지만
'참으로 불행한 나라에서 힘겹게 억지로 살아가고 있다'는 이야기가 되겠지요. 거기에다가

미국 입양 한국 어린이는 아직도 세계 4위로 안타까운 상황이며
놀랍게도 살인은 6위, 강간은 11위로 매우 위험한 상태입니다.
한 가지 분야에서 상위권에 있어도 가슴이 먹먹할 텐데
열 가지가 넘는 분야에서 이런 기막힌 상황이 펼쳐지고 있는데도
우리들은 세계경제 12대 국가에서 산다고, 세계무역 9대 강국이라고, 20-50 클럽에 가입했다고, 국가신용등급이 AA- 라고,
GDP가 얼마라고 선전되어 위안 받고 있습니다.

참으로 안타까운 현실입니다.

인생에서 길은 언제나 하나입니다. 우리 앞에 항상 여러 길은 있어 왔지만 우리가 선택하여 선길은 언제나 하나였었습니다. 진정한 해결방법도 하나. 지금 심각한 위기의 우리가 벗어날 수 있는 그 길은 하나.

'거꾸로' 입니다.

그제 하였던 생각
어제 하였던 행동
지금 하고 있는 습관

모두 모두
거꾸로 거꾸로

저 자신도 이제 인생을 마무리 할 때나 되어서야 거꾸로 삽니다.
평생 공부하고 가르치며 사업하였던 먼지 풀풀 나는 경제 경영 분야에서 벗어나, 향기롭기만 한 문학 분야에서 시를 쓰며…
그리고 이민생활에서 상상 가능한, 뼈는 물론 DNA 까지 저린, 모든 고생들에서 벗어나 고단해진 마음과 영혼을 보살피며…
모든 면에서 거꾸로 살아가면서 행복해 하고 있습니다.

시인은
남이 보지 못하는 것을 보고
듣지 못하는 것을 들으며
느끼지 못하는 것을 느낄 수 있는 사람이라고 감히 생각합니다.

시인이 된 후에야
저의 작은 뒷마당에 다섯 종류의 새가 아침마다
날씨따라 다르게 노래한다는 것을 알았습니다

시인이 된 후에야
저의 허름한 앞마당에 철마다 피는 꽃들의 꽃잎이
어떤 모양이고 어떤 향기를 가졌는지 알았습니다

시인이 된 후에야
저의 주위 사람들이 무엇을 아파하는지, 왜 저렇게
아프면서도 눈물은 흘리지도 못하는지 알았습니다

지금 인류는 심각한 위기에 처해 있음이 보입니다

▸99 퍼센트가 살아남기 위하여
▸99 퍼센트의
▸99 퍼센트에 의한
▸99 퍼센트를 위한
▸99 퍼센트의 단결된

혁명이 필요한 때입니다

이제 제법 늙어 몸은 낡았지만
저의 깊은 마음에서 오랫동안 맑혀져 온
부끄러운 글과 그림을 여러분 앞에 꽃 향을 피워 봉헌합니다.

이야기가 전해지며, 시가 묵상되며

부디
내가 사는 이 사회에 선한 이가 더 많아 지기를
당신이 살아가는 이 세상이 보다 숨쉬기 편안해 지기를
소원해 봅니다.
부디
여러분의 남으신 인생 순간순간
행복하신 시간이 되시기를 엎드려 기원합니다.

"항상 행복하시길 기원합니다."

a시인 낮게 엎드림

*이메일 주소: a-siin@hanmail.net

아주 아주 높은 산이 하나 있었습니다.

산 중턱에는 언제나 하얀 구름이 머물고 있었고 이 구름은 항상 이상한 모양을 하고 있었지요. 산꼭대기에는 커다란 호수가 있다는 말이 예전부터 마을에 전해졌는데 최근에 올라가 본 사람은 없어서, 얼마나 큰지 어떤 모양의 호수인지 이렇게 저렇게 자세히 실감나게 설명할 줄 아는 이는 아무도 없었습니다.

이런 말들이 전해져 온다
우리 동네에는
저런 말들이 전해졌겠지
저기 저 마을에

우리들은 그것이 옳다하고
저곳에는 저것만 전해오고

*** 시작**

조상 대대로 내려오는 말에 의하면 오천년 전 42대조 조상 마파 그분만이 그 산을 올라가 보았는데 그 호수는 한눈에 볼 수가 없을 정도로 커서, 그 호수를 돌아보는데 여섯 날이나 걸렸다고 하네요.

마파 선조께서는 여섯 날을 밤낮으로 걸어 호숫가를 거닐다가 칠일째 되는 날 하도 피곤하여 하루를 쉬었답니다. 지나온 호숫가를 기억하며 바위에 기대어 잠시 잠을 자다가 이상한 소리에 잠에서 깨어난 후 갑자기 얼굴이 벌겋게 달아오르는 것 같아 '도대체 내 얼굴이 어떻게 된 것인가' 하며 물가에 자기 모습을 비추어 보았답니다.

물결에 얼굴을 잘 볼 수가 없어, 손으로 물을 잠잠히 하면 잘 볼 수 있을까 하면서 손을 호수에 넣었는데, 그때 갑자기 호수물이 깨어진 여러 조각조각의 거울처럼 평면으로 스스스슥 올라와 마파 조상님을 비추었다고 합니다.

거울 속에 비친 마파 조상님의 모습은 얼굴에 더듬이가 나고 입은 뾰족했으며 동그란 눈은 똑바로 쳐다볼 수가 없을 정도로 광채가 나고 있었고 몸은 두꺼운 철갑을 두르고 있었답니다.

마파 선조가 자기의 그 모습에 너무 놀라 그 자리에서 갑자기 벌떡 일어나는 바람에 물거울 한 조각이 넘어지고 깨지면서, 다른 옆 거울들을 차례로 깨트리고 말았는데 물거울들이 깨지는 소리가 얼마나 컸던지 조상님은 그만 자기 귀를 막으면서 눈까지 감고 말았답니다.

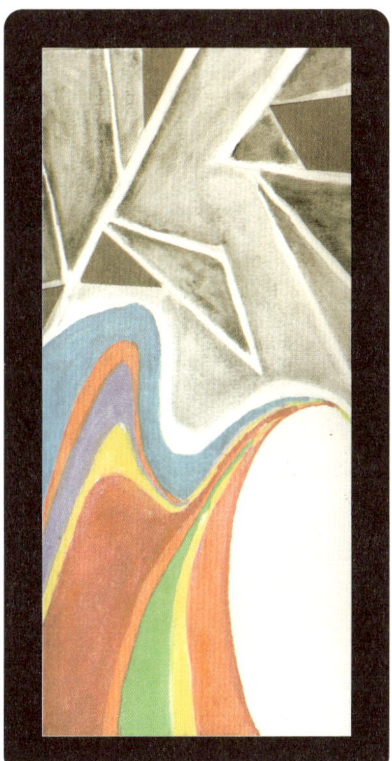

자기 부스러지는 소리 듣지 못하고
자기 망가지는 모습 보지도 못하니

* 문제의 시작

그때 마파님 앞으로 큰 물 소용돌이가 서서히 돌며 하늘로 올라가고 흙, 불, 물, 바람, 파란 잎들이 그 속으로 빨려 들어갔습니다. 그 후에 물 소용돌이는 하늘을 덮는 크나 큰 무지개가 되더니 그 무지개는 천천히 다리 모양의 예쁜 무지개로 변하였답니다.

물 소용돌이에 모든 것이 빨려 들어가는 모습을 보며 마파님의 마음도 물 소용돌이에 빨려 들어가 마파님의 마음은 텅 비게 되었고요. 텅 빈 마음속으로 행복감이 맑은 눈물처럼 스며들어 충만하였을 때 다리 모양의 무지개가 나타났다는 것이었지요.

마파님은 그 무지개 다리 위를 조심스럽게 걸어가기 시작했답니다. 걸음을 옮기면서 마파님의 모습은 서서히 변해 가고 있었는데… 변한 모습으로 한 걸음 두 걸음 옮길 때마다 깨졌던 물거울들이 다시 붙어 거울은 원래의 큰 조각 거울 모습으로 돌아왔다고 합니다.

호숫가 무지개 다리 위로 걸어가는 마파님의 모습은 물거울에 다시 비춰지게 되어 조상님 자신도 자기 자신의 모습을 다시 볼 수가 있었는데 조상님은 변한 자기의 신비하고도 근사한 모습에 스스로 황홀해 하였다고 합니다.

그런데, 그때 그 호수 물거울 속 뒤에서부터 갑자기 구멍이 숭숭 난 크고 둥근 흙덩이가 보이기 시작하며 연기를 내뿜기 시작하였습니다. 연기가 거울 밖까지 새어 나와 마파님은 갑자기 캑캑 컥컥 숨을 쉴 수가 없었지요.

그리고 물거울은 연기로 금세 뿌옇게 되어 거의 볼 수가 없을 지경이 되었고요. 짙은 연기 때문에 기침을 몹시 하며 정신이 없었던 마파님은 잠시 정신을 차린 후 다시 잠잠해진 물거울을 들여다보았는데

이번에는…

거울 속에서 크고 울퉁불퉁한 돌들이 불을 뿜기 시작했답니다. 불들은 스스로 뜨거운 불덩이들을 더 토해내며 하늘 높이 날기 시작했으며, 하늘 높이 올랐다가 떨어진 불길들이 모여들어 강물처럼 흐르기 시작했고요. 거울에 나타난 이러한 무시무시한 장면의 불길이 조상님께 전해져 물거울을 다시 쳐다보지 못할 정도가 된 마파님은 가슴이 갑자기 두근거리기 시작했답니다.

시간이 얼마정도 지난 후 가슴이 스스로 잠잠해지자

마파님은 뜨거운 물거울이 좀 식었는지 궁금하여 다시 물거울을 들여다보았는데, 이번에는 시꺼먼 구름들이 서로 모여 하늘까지 솟구치다가 서로 부딪치고는 번쩍 번쩍 번갯불을 만든 뒤 비가 되어 억수같이 쏟아지기 시작했답니다. 그런 다음에는 큰 얼음 덩어리들이 하얗게 날아다니며 또 다시 큰 번갯불들과 함께 하늘을 덮었다고 하네요.

그 무시무시한 큰 번갯불들에 놀라 잠시 기절하고만 마파님이 얼마 후 깨어난 뒤에 호숫가를 천천히 보았습니다. 멀리 보니 그동안 일어났던 물거울 속 세 장면이 번갈아 가며 스스로 일어나서 기둥모양으로 휘말려 빙빙 돌다가 잠잠하기를 수없이 반복하고 있었지요.

그렇게 **어둠과 밝음**
바람 속에 뜨거움과 차가움
더러움과 맑음이 계속되고 반복되는 여러 날 동안

이 세상 어떻게 일어났는가
나는 어떻게 일어나다 사라질 것인가

회색 섞인 불들 검은 물 맑게 되어
생명수 일어난 곳 보면
결국 파랗게 피다가 흙 빛 끌어안고
바람같이 휘말려 질 곳

희미하게 보이기라도

* 시작부터 잘 못 보니

마파님은 무지개 다리 위에서 오랫동안 혼자
그렇게 혼란하기만 한 모습을 지켜보고 계셨다고 합니다.
밝게 빛나는 무지개 다리 위에서 말입니다.
조상님이 가만히 생각해 보니
지나간 그 시간이 또 여섯 날이었다고 합니다.
혼란의 여섯 날 이었지요.

그 여섯 날이 지난 일곱째 날 이었습니다.

여섯 날 밤 이후에 잠잠하던 호수의 물이 다시 부글부글 뜨겁게 끓기 시작했습니다. 파란색, 빨간 색, 노란색, 초록색 네 가지 색의 수증기가 아름답게 동서남북에서 힘차게 뿜어져 올라오기 시작했고요. 그런 낮이 지나고 밤이 다가오자 하늘을 다 가릴 만큼 크나 큰 달이 서서히 뜨기 시작했습니다.

그때였습니다.

마파 조상님은 호수에서 작은 용 네 마리가 날아다니는 것을 볼 수 있었습니다. 달빛 덕분이었지요. 각각 다른 색을 가진 전혀 다른 모습의 용이었습니다.

파란 용
빨간 용
노란 용
초록 용

달빛에 비추어진 용은 놀랍게도 네 마리가 날아다니다가 합쳐지며 한 마리의 큰 용이 된 후에 다시 작은 네 마리로 되돌아가는 것을 반복하였다고 합니다. 이렇게 네 마리용은 달빛 속에서 변신을 네 번 한 뒤에 한 마리가 된 모양으로 빛나는 구슬을 입에 물고 있었다고 합니다. 그 구슬은 알 같이 생긴 것이었는데 겉에 초록색 잎 모양이 살짝 보이는 구슬이었습니다.

용은 푸른색 구슬을 입에 한참이나 물고 있다가 하늘을 향하여 이상하기만 한 큰 소리를 ‘오카!’ 하고 지르고는 구슬을 삼켰습니다.

그리고는 서서히 큰 날개를 저어가며 조상님의 앞으로 다가왔다고 합니다. 마파님에게 가깝게 다가와서는 자기가 영원히 죽지 않는 ‘Phoenixaragon’ 이라고 이름을 밝힌 뒤 웅장하기만 한 소리로 이렇게 말을 했다고 하네요.

“내 질문에 올바른 대답을 하면 나 Phoenixaragon은 너를 먼 훗날 세상을 구원하는 한 생명의 조상으로 삼겠다.”

네가 지금 본 네 모습이 바로 너더냐
아니면
네가 생각하고 있던 모습들이 너더냐

* 당신은 정말 당신을 아시나요

조상님은 할 말이 정말 없었답니다.

자기가 생각하고 있던 모습은 호수 거울에 비친 자기 모습이 아니었던 것을 이미 알기 때문이었습니다. 그 거울에 비쳤던 모습이 너무 선명하였기에 자기가 누구라는 것을 답할 자신이 없어 한참을 망설이다가 '잘 모르겠네요' 라고 답했답니다.

잘 모르겠다
바로 거기서부터
너는 알게 된다

* 안다고 하는 한 너는 절대로

그 빛나는 용 Phoenixaragon은 천천히, 이해가 될듯 안될듯 뜨문뜨문 말을 하기 시작하였습니다.

"그렇다 너는 올바른 대답을 하였다.
네가 그렇게 대답을 하였기 때문에
바닷가 모래알보다도 더 많아질 너의 후손들은
모르면서 앞에 간 이, 그저 따라가고
모르면서 아는 것으로 착각하며…."

"그 모래알 중 하나가 너의 올바른 대답처럼 혼탁하여질 세상을 구원하며…." "호수에 비친 네 몸이 바로 너일까…."

낮 너 밤 너 잠 속 너
홀로 너
남 앞 너

* 어느 것이 진짜 너냐

"나는 이제부터 이 세상에 일 년에 네 번, 생명의 실마리가 될 입김을 뿜을 것인데…."

처음엔 어떤 것도 타 버리고 마는
성난 불덩이
다음엔 마지막 하나까지도 떨치는
회오리바람
그리곤 하얀 날로 모든 것 잘라지는
얼음 조각들
그런 다음에야 낮아진 곳에서 파란
생명 입김을

* 사 계절 속 너

"그 입김으로 호수의 물이 하늘까지 오르는 풍랑이 일어나고, 호수의 물이 마르고 짙은 안개로 앞이 보이지 않게 되며, 길이 끊어질 것이다."

Phoenixaragon 말 데로 그 이후로는 앞이 안 보이고 길이 끊어지며 풍랑이 일어난 후에 물까지 바싹 마르게 되니 마파 조상 말고는 아무도 산을 다시 오를 수가 없었다는 것이에요.

보여야 나갈 수 있을 것 아니냐
안개가 걷혀야

어떻게 오를 수 있겠는가 오를
길 끊어졌으니

풍랑이 저다지 높은데 어떻게
배가 나갈 수가

물 마르고 또 말라 이어진 사막
있는 것 바람만

* 삶이라는 것이 어찌 보면

Phoenixaragon은 또 알듯 모를 듯한 말을 마지막으로 간단히 남기고 하늘로 날아갔다고 합니다.

"네가 두 발로 서 있는 그곳
바로 그곳에서 떠나는 것
바로 구원의 첫 걸음이고…."

손짓으로 산을 내려가라는 지시와 함께…

안다는 것은 모르는 것이고
모른다는 것은 알기 시작했다는 것이고

* 거꾸로의 시작

마파님은
밑이 안 보이는 산을 내려갈 생각을 하니 다리의 힘이 저절로 빠졌습니다. 언제 이 힘들기만 한 길을 내려가나 하며 걱정을 하였지만…

왼발 내디디며 "안다는 것은 모른다는 것"
오른발을 내디디며 "모른다는 것은 안다는 것" 하며

거기 있었지만 산을 올라갈 때는 못 알아 본 아름다운 꽃 싱그러운 풀들을 산을 내려오며 하나하나 자세히 보며 내려왔답니다. 그렇게 천천히 내려왔는데도 해가 세 번 뜨고 세 번밖에 안 졌다고 하네요.

올라갈 때 본 것은 돌과 흙길
내려올 때 보는 것은 풀과 꽃

*** 누구나**

마파님이 산에 내려와 돌아다보니 산에 큰 구멍이 나 있었는데 올라갈때는 그렇게나 큰 구멍을 못 보았다고 합니다. 조상님은 그 큰 구멍을 통하여 산을 내려왔고요. 그 때부터 그 산은 하늘에 오르는 문이 있다고 하여 천문산 이라고 불렸지요.

그런 이야기가
조상님 대대로 이어져 내려오던 어느 날이었습니다.

살아있는 모든 것들이 놀라는 대 사건이 일어났습니다.

따사로운 햇살이 살그머니 포근한 봄이었지요.
파란 하늘이 뽀얀 봄날 막 피어난 꽃잎이 심술궂은 바람에 떨어져 하늘로 거꾸로 한 참이나 오르다가 땅에 살랑살랑 떨어지는 약간 심심하기만 그저 그런 날 같은 날이었습니다.
어둡지도 않은데 갑자기…

땅이 갈라지며 땅 밑에서부터 번개가 올라오고 땅에서 비가 하늘로 향하여 거꾸로 오기 시작하였습니다.

그때…

천문산 기슭에서 동그라미 하나가 떨어지고 있었습니다.

그렇게 아주아주 이상한 날씨에 아주아주 작은 동그라미 하나가 산에서 때굴때굴 떽때굴 떨어지고 있는 것이었습니다.

흐릿하지만 초록빛이 신비한, 약간은 길쭉한 작은 알 ●였습니다.
●는 산에서 통통 거리며 내려오다가 땅에 도착한 뒤에 주위를 두리번 두리번거리게 됩니다.

왜 아무것도 없지
왜 보이는 것 없지

다 거기 있는데
다 안에 있는데

*** 네가 찾는 것은 모두**

●는 두리번거리다가 툭 튀어나온 돌에 걸려 넘어져 휘청 휘청 거리다가 나무 밑에 있는 검은 구멍 속으로 쉬익 빠져들게 되었습니다.

나무 밑 구멍은 아주 길게 땅속으로 연결되어 있었지요. 땅속으로 떨어지며 땅굴 속에서 회오리바람을 마주치는데 바람 속에 돌돌 말려 위로 올라오는 돌들도 만나고 쇠 조각들 그리고 부서진 배들 파편들도 만나게 되지요. 이들은 서로 말을 많이 하였습니다.

하지만, ●는 이들이 하는 말이 무슨 말인지 전혀 알아듣지 못하였답니다.

이들은 이상한 언어들로 말하였는데

"^%#$^#^%#&$%(^)&^%%$@%$@ :("
"3^$#@@!!&^%%()%^$*)(&)(#%@$$&*%("

"sksdjjfdychdk?"

"djirkj&%& edjlf더 &*^*^ !!!"

"ㅋ ㅋz ㄲ +o ㅠㅠ :D"

어찌나 서로 잠시도 쉬지 않고 말하는 것들이 시끄러운지

●는 떨어지며 얼떨결에 못 들어 주겠다는 듯 귀를 잠시 막았는데 이때, 또 기우뚱 중심을 잃고 긴 나무뿌리에 걸려 거꾸로 매달리게 되었습니다. 거꾸로 매달리는 순간
●는 그들의 복잡하기만 언어를 알아듣기 시작하였답니다.

그런데
알아들으며 정신 차려 잘 들어보니
그들이 하는 말들 중에는 정작 중요한 말들이 별로 없었다고 하네요.

시끄러운 곳 멀리하여
말 아끼면
세 말만 쓰게 된다

감사한다
사랑한다
미안하다

너절 너덜한 곳 떠나
마음 맑히면
세 마음만 남는다

감사한다
사랑한다
미안하다

* 입에서 향기 나지 않는 이유

●는 아마도 저들은 그저 아무 의미없이 쉬지 않고 그냥 떠들어야 하는 존재들이 아닐까 생각하였지요. 그들의 의미 없고도 마냥 시끄러운 말을 들으며 ●는 서서히 몸이 덜덜 추워지는 것을 느꼈습니다.

그녀 말을 듣고 있으면
머릿속 말라 꼬이는 소리 보입니다
그이 말도 듣고 있으면
마음 부스러지는 절규 달려 나갑니다

어디
정말 어디
영혼 속 따뜻한 메아리로
남는 한마디 어디 없나요

* 도시에는 메아리가 살지 않는다

갑자기 닥친 추위에 떨려 ●가 조금씩 줄어들기 시작하는 어떤 날이었습니다. ●는 한쪽이 유난히 추위에 찌그러들다가 쭈글쭈글 찌그러진 그쪽으로 기울며 다시 더 깊은 땅속으로 떨어지기 시작하였습니다. ●는 아주 깊은 땅 밑까지 떨어진 후 다시 더 땍 때굴 굴러 작은 연못에 도달하게 됩니다.

그 못은 잎사귀 한쪽이 잘라진 이파리 하나가 살고 있었습니다.

어디서 얻은 상처인지 한쪽이 크게 잘린 모양의 잎이었지요.

그래 어디서 얻었니
문신되어 꿈틀거리는

그래 얼마나 아팠었니
바람 없어도 파고드는

* 그대 가여운 그 상처

●는 연못 땅에서 한번 더 구르다가 팍 하고 튀어, 이파리 위에 올라간 뒤 이파리 위에서 다시 스르르 미끄러진 후, 연못물에 퐁당 떨어집니다. ●는 물이 너무 흙탕물이라 물속에 빠져 숨을 못 쉬다가 간신히 뛰쳐나온 뒤에 숨을 몰아쉬고는 말문이 트이게 됩니다.

●가 이파리에게 말을 겁니다.

"안녕하세요? 실례지만, 누구세요? 또 여기는 어딘가요?"

이파리는 활짝 미소를 지으며 대답하여 주었지요.

"응, 안녕? 나는 Lotusa라고 해 그리고 여기는 말이야 정토 못이라고 하지."

"정토 못이요? 그게 무슨 뜻이에요?"

Lotusa는

●가 쉬지 않고 너무 빨리 물어 보았지만, 참으로 오랜만에 보는 생명체라 너무 반가워서 친절하게 천천히 답해 줍니다.

"응, 정토 못이란 깨끗한 흙 속의 못, 좋은 곳이라는 뜻이지"

●는 "아니 깨끗하다니요? 이렇게 숨을 못 쉴 정도로 더러워서 잠시도 있기 싫은 곳 같은데요."

"깨끗한 것이 어디서 오는지 향기가 어디서 나는 줄 알려면 시간이 많이 지나야 한단다. 그게 그렇게 쉽게 알아 지지 않거든."

무엇이 깨끗하고
무엇이 정말 더러운지

*** 그것만 알아도 1**

직선인 빛 탁한 어둠에서 빛어지고
포근한 햇빛 혼란한 먼지 속 사이로

*** 그것만 알아도 2**

Lotusa는 이렇게 말한 뒤, 자기의 몸에 어렵게 모아진
새벽이슬 한 방울을 살짝 떨어트리며

"연못이 물을 먹을 시간이구나.
나는 내가 견딜 만큼만 담아 두었다가
못이 매우 목이 말라 꼭 필요할 때서야 그 만큼만 내어 준단다.
더도 말고 덜도 말고 말이지."

이슬 한 방울로 목 안 마르고 싶다
한 손 쥐어진 것만으로 살고 싶고

꼭 필요할 때만 말을 하고
들을 만한 것만 듣고 싶고

* 이젠 하루 종일

Lotusa가 이어서 또 비슷한 말을 하였지요.

“깨끗하다고 하는 것은 더럽기 마련이지
더럽다고 하는 것은 더 이상 더럽지가 않지”

깨끗함 더러움에서 오고
빛은 암흑에서 흘러들며

●는 무슨 말인지 계속 이해가 안 되었지만 잘 모르겠다는 표정을 하면 Lotusa가 실망할까봐 그냥 방긋 방긋 웃으며 들었지요.

그리고 공기가 하도 산뜻하여 그 기분에 푹 빠지느라 복잡한 듯한 이야기에 신경을 쓸 수가 없었기도 하고요. ●는 Lotusa하고 친구가 되어 그에게서 이런 저런 많은 이야기를 들었습니다. 많은 부분은 잘 이해가 안 되었지만 말이지요. Lotusa는 어느 날 ●에게

"행복해 보이는구나…. 사랑이 가득해 보이는구나….
평화로워 보이는구나" 라고 말하였지만

그대 행복하여 보이는가
사랑스러워 보이고
평화 가득해 보이는가

*** 내 얼굴에 묻는다**

●는 그 말을 듣는 둥 마는 둥 신경 안쓰면서 그냥 Lotusa가 물에 젖지 않는 것이 신기하기만 하여 머리를 갸우뚱 갸우뚱 거리며 Lotusa를 계속 쳐다보기만 하였습니다.

연잎에
스며드는 것은 없지
연잎이
젖어 지는 적도 없지
햇빛은
더러움에 물들지 않지
햇빛에
먼지 가득 하더라도

*** 언제나 얼룩져 있는 그대**

그렇게 아침저녁으로 많은 이야기를 또 듣는 어느 날이었습니다.

Lotusa는 아무 말도 하지 않기 시작했습니다. 아침에도 저녁에도 말이에요. ●는 왜 아무 말이 없냐며 혹시 내가 무엇을 잘못해서 화가 난 것 아니냐라는 말까지 했는데도 아무 말이 없었습니다.

그러던 며칠 후

Lotusa에게서 아주 예쁜 꽃 봉오리가 열리기 시작했습니다.

너무 아름다워 ●는 Lotusa처럼 아무 말을 할 수가 없었습니다.

활짝 핀 꽃을 오랫동안 지켜 본 ●는 갑자기 자기 몸이 달라지는 것을 느끼기 시작 했습니다. 한쪽 몸이 꽃처럼 갈라진 모습의 꼬리를 하고 알에서 태어나기 시작했던 것입니다.

는 태어난 후 꽃 꼬리를 살살 저으며 물속으로 들어갑니다.

물속으로 들어가 보았더니 Lotusa는 뿌리를 갖고 있었는데 그 뿌리는 마디마디가 많이 뭉쳐져 있었습니다.

"많이 맺혀 있네요."

Lotusa는

"그렇단다." 라고 간단히 대답하였습니다. 그리고는 그 이후로 다시 아무 말도 하지 않았지요.

하나하나 맺혀질 때 나는 그렇게나
아팠지
하나하나 맺혀져서 내 뼈 휘었기에
아팠지

그래서 이제 나는 젖을 수가 없지

* 그래서 나는

가 그렇게 혼자 조용히 하루하루를 지내는 그런 날들이 며칠이나 흘렀는지 모르는 어느 날, 너무 같은 날들에 지루해질 대로 지루해진 바로 그 어느 날 는 '너무 심심하당~ 아무 일도 일어나지 않넹~'하며

그대 머리 위 흰 구름이
　　새털 모양인지 양떼 모양인지

그대 먼지 까만 영혼 위
　　빛나는 별들 몇인지 밝은지

올려다 본지 언제인가

하늘 위 마음 있지 않으며
자유롭게 날 길 바라다니

* 무리한 바램

무슨 일이라도 일어나주길 너무 간절히 바라던 는 Lotusa가 있는 연못을 나와 주위를 돌아다니다가, 얼마 떨어지지 않은 곳에 있는 커다란 연못에 다다르게 됩니다.

는 한 곳에 있는 것 보다는 그 큰 연못에 가서 노는 것이 좋

았습니다. 그러다가 지루해 지면 또 작은 연못으로 돌아왔고요.

그런데 놀라운 것은 가 큰 연못에 가서 놀 때는 의 몸이 커지고 Lotusa가 사는 작은 연못에 돌아와서는 다시 작아지는 일이 벌어졌습니다. 는 왔다리 갔다리 하는 이런 일이 재미있어서 놀이처럼 큰 연못과 작은 연못을 왔다 갔다 하였지요.

있고 없고
높고 낮고
길고 짧고

쉽고 어렵고
앞이고 뒤고
나쁘고 좋고

* 그게 바로 엽이거든

그런데 에게 더 이상한 변화가 일어납니다. 연못을 왔다 갔다 하며 노는데, 작은 연못에서는 거꾸로 헤엄을 치고 놀고 큰 연못에서는 바로 되어 헤엄쳐서 노는 가 됩니다.

Lotusa는 의 모습이 변하는 모습을 보고 혹시 하면서 있다가 이제는 거꾸로 되어 노는 것을 보고 많이 놀랍니다.

의 모습을 여섯 날 동안 지켜보던 Lotusa는 자기의 생각에 확신을 갖고 일곱째 날 아침에 그동안 굳게 닫았던 입을 열어 다시 말을 하기 시작합니다.

"나는 네가 누구인지 안단다. 떠나렴.
네가 할 일이 있단다.

떠나면 보게 된단다.

만나게 된단다."

"너는 하나란다. 옛날부터 전해 내려오던 그 전설 속의…

작은 곳에서는 작은

큰 곳에서는 크기만 한 변신 그 자체

코이 하나"

는 그 말이 무슨 뜻인지 이해가 안 갔지요.

옛날부터 전해오는 무슨? 하며 말이지요.

는 그저 "아- 내가 코이 하나이군요."

"하나-"

라면서 자기 이름을 안 것에 신기해 마냥 미소를 지었지요.

이름 몇 자가 나일까

두세 자 안이
이렇게나 복잡하다
이 말이지

*** 독 보다 더 쓴 독백**

하나가 자기의 이름을 알던 그 다음날 Lotusa는 꽃잎이 한꺼번에 다 떨어지게 됩니다. 작은 씨앗 하나만 남긴 채 말이지요.

Lotusa가 말합니다.

"녹색 꽃을 찾아 떠나렴."

너 두 발로 서 있는 그곳
바로 그곳에서 떠나는 것
그게 구원의 첫 걸음이고

"그 녹색 꽃은 너를 살리고 많은 이를
생명의 길로 이끌 것이란다."

떠나라
네가 떠나 떠도는 동안
너는 삶이 얼마나 소중한 것인가를 먼저 깨닫게 될 것이다

떠나라
네가 떠난 자리에 잡초가 자라는 동안
너는 네가 잃을 것도 갖고 있을 것도 없는 기쁨에 휩싸이게 될 것이다

*** 먹먹함의 앞에서**

하나는 "녹색 꽃" "나를 살린다고? 남을? 생명의 길?" 하며 의아해했지요.

Lotusa는 이파리 손으로 하나를 슬쩍 떠밀며 하나의 손에 까맣고 작은 씨 하나로 만든 목걸이를 살며시 쥐어 주었습니다.
"너무 힘들 때 이 씨앗이 너를 살려 줄 수 있을 것이란다."

너이고 싶으면
떠나렴

삶이고 싶으면
떠나렴

홀연히 떠나 당당하게
돌아 앉아 보지 않으면

* 현자들 왜 길 나섰겠는가

하나는 Lotusa와 헤어지기가 싫었지요.

하지만 Lotusa가 떠나야 한다며, 계속 떠나는 이야기만을 간곡히 했으므로 하나는 마지못해 길을 떠나게 됩니다.

낮에는 하얀 뭉게구름이 몸에 감기어 친구가 되고 밤에는 반짝이는 별들이 하나 주위에 머물며 길을 같이 하여 주었으나, 구름과 별들은 하나에게 아무 말도 하질 않았습니다.

그저
흐르는 것은
그저
반짝여 주는 것은

바로 그렇게
살다 가라는 것인가요

* 구름 별 말이 없는 것은

그러던 어느 날 하나 앞에 끝이 뾰족하면서 이상한 모양을 하고 있는 화살표들이 나타났습니다.

이정표였습니다.
하나는 여기저기 우뚝 솟은 이정표들을 하나 둘 보기 시작 했지요.

어디에서 어떻게 왔는가?
지금 어디에 서 있는가?
앞으로 어디로 갈 것인가?

*** ??? 앞 너의 확신은?**

성공의 길, 행복의 길, 기쁨의 길 ,구원의 길, 영원의 길이란 표시도 있었고

유혹의 길, 패망의 길, 구렁텅이 길, 거짓의 길이라는 표시도 있었지요. 무슨 뜻인지도 모를 애매한 글자들도 많았습니다.

하나는 묻습니다.

"어느 길로 가야 하나요?"
이정표는 말을 참 빨리 합니다.

그 길 설명을 얼마나 빨리 하였는지 하나는 못 알아듣고 혼동하기 시작하였습니다. 하나는 속으로 '천천히 설명하여도 잘못 알아들을 텐데 저렇게 말을 하니 중간 중간 띄엄띄엄 되어 도대체 알아들을 수가 없네.' 하였습니다.

성공의 길이 패망의 길이고
행복의 길이 불행의 길이며
기쁨의 길이 슬픔의 길이면서
구원 길이 거짓의 길이었다면

*** 그대 어쩌지**

하나는 이정표가 권하는 표시 글 중에 글씨가 잘 쓰이고 내용도 좋아 보이며 번쩍거리는 것을 택하여 그 방향으로 길을 가기 시작하였습니다. 하나는 이정표가 처음부터 권해 주었던 '참 편안한 길'을 따라 걷기 시작하였던 것이지요. 참 편안한 길인 줄 알고 말이에요.
그러나 그 길은 둥근 돌, 자갈들로만 되어 있는 길이었습니다. 하나가 발을 디딜 때마다 발바닥이 너무 아픈 것은 물론이고 미끈미끈 미끄러져 넘어지기 일쑤였습니다.

하나는
"아니… 참 편안한 길이라고 하더니…." 하며 불평하기 시작했습니다. 어느새 하나의 발은 퉁퉁 붇기 시작했지요. 계속되는 자갈길에 하나는 더 이상 견딜 수가 없었습니다. 너무 발이 아픈 하나는 차라리 이제라도 다시 돌아가는 것이 나을 것이라고 생각해 돌아가 걷기 시작했습니다.

그렇게 해서 한참이나 다시 돌아온 길은 처음 하나가 걷기 시작한 곳. 바로 그 이정표가 서 있었던 장소 같아 보이는 곳이었습니다.

하나는 말에 힘을 주고는 이정표에게
"아니 이것이 무슨 편안한 길이예요?" 라고 항의하였습니다.

이정표는 아무 말도 안 합니다.
하나가 계속 물어도 아무 대답이 없었지요.

그런데 가만히 살펴보니 하나가 처음 본 이정표하고
약간 다르게 생긴 이정표라는 것을 알게 되었습니다.

편안한 길이라고 쓴 이정표를 자세히 살펴보니
편안한 길 앞에 아주 작은 글씨로
'정말 양심적으로' 라고 쓰여 있었습니다.

그리고 더 가까이 가서 자세히 살펴보니 이 이정표는 아무 말도 안 하는 이정표였습니다. 그래서 하나가 더 이상 물어 볼 수도 없었지요. 하지만 이정표가 말하는 대신, 친절한 듯 한 눈길로 슬쩍 권하며 안내하는 '정말 양심적으로 편안한 길' 이라는 표시를 다시 보고 '이번에는 틀림없겠지.' 하며 그 길로 다시 걷기 시작합니다.

그러나 그 길은 처음에는 풀밭, 참 편안한 길로 시작하였으나 조금 가다가 보니 온통 가시가 깔린 길이었습니다. 그 곳에서 한 발 걷자마자 뾰족한 가시에 아프게 찔린 하나는 움찔하여 얼른 발길을 돌려 길을 돌아가려 했지만 돌아가려는 순간, 뒤의 길이 갑자기 우르르 끊어지며 낭떠러지가 되고 말았습니다.

한번 빠져 한 발 조차 꺼낼 수 없는
수렁 길도
그믐달 그림자도 없어 어질하기만 한
어두운 길도
심장이 그 자리에 벌컥 서버리고 만
가파른 길도

이미 그 많은 사람 지나간 길이고
너희 조상 부모 다 지나간 길이며

삶의 길이 고단하다고 돌아가
다시 시작할 수도 없는 길이고

* 길이 라는 게 그렇더군요

낭떠러지라 돌아 갈 수도 없고 하나는 그 자리에서 털썩 주저앉아 망설이게 됩니다. 망설였지만, 방법이 없었습니다.

돌이킬 수 없는 것을
꿈속에서도 후회하고
이를 악물어 원망하며
눈 흘겨 억울해 하니

* 먹구름 계속 드리워지는 이유

길은 끊어졌고 앞으로 나갈 수밖에 없는 상황인데다가 하나가 멀리 보니 그 가시길 너머 다시 풀밭이 보이는 것 같았습니다.

그래서 하나는 할 수 없이 그 가시밭길을 다시 걷고 또 걷게 됩니다. 한발 한발 디딜 때 마다 발에는 온통 가시가 박혔지요. 하나는 너무 고통스러웠습니다.

발에서 피가 나기 시작한 하나는 절뚝거리며 멀리 보이는 풀밭에 온갖 희망을 두며 길을 걸어갑니다. 그런데 그렇게나 힘들게 넘어온 가시밭길 앞에 펼쳐진 풀밭은 어이없게도

가시에 초록색을 칠한 가짜 풀밭이었습니다.

뒷길은 또 끊어지고 지친 하나 앞에

다시 가시 풀밭만이 뾰족하게 널려 있습니다.

그때 가까운 곳에 이정표가 다시 보이는 것이었습니다. 하나는 그 힘든 가짜 풀밭을 '아우 아우 따끔따끔' 또 건너 가까스로 다른 이정표 앞에 도착하게 됩니다.

가서 보니 이 이정표가 말을 하기 시작하는 것이었습니다.

하나는 생긴 것도 똑같고 말을 하기에, 처음 첫 번째 이정표인 줄 알고는 이정표를 향하여 다짜고짜 벌컥 화를 냈습니다.

"아니.. 이럴 수가 있나요? 어떻게 그렇게 험한 길을 편한 길이라고 할 수가 있나요? 그리고 그것도 당신 부하인가요? 당신이 시켜서 그랬나요?

정말 양심적으로 ~ 는 또 무엇인가요?

불쌍한 내 발 좀 보세요."

이정표가 말을 하기 시작했습니다.

"너는 길을 잘 알아보지 못하는 구나.

나도 알아보지 못하고….

우리 이정표들은 다 같아 보이지만 우리들은 다 다르단다. 네가 보았다는 이정표는 내 사촌이고 그리고 다른 이정표도, 나도 모두 사촌 이정표지. 우리들은 다시는 돌아갈 수 없는 곳에 다 서 있지."

나그네야
걸을 읽지 말고 속을 읽어라
방랑자야
내 탓하지 말고 네 눈 탓해라

너는 네 작은 두 눈에 십 분지 팔을 의존하지만
네 눈 밝아서 그렇게 많은 실수들 하고 살아갈까

* 매일 네 탓이오

"우리 사촌들 모두 절대로 거짓말 하지 않는단다."

하나는 이정표가 '번지르르르르' 하게 거짓말을 하면서 자기는 거짓말을 절대로 안 한다는 말에 기가 막혔습니다.

너도 거짓
나도 거짓

그래도 우리 모두 누구하나
거짓이라고 하는 이는 어디에도 없고

* 잘 생각해 보면

거짓말을 하려고 작정하고 나서는 이 앞에 무슨 말이 통하겠습니까? 하나는 더 이상 상대를 하며 말을 하기가 싫었습니다. 하나는 자기의 가슴을 툭툭 치면서

'제 탓이요 제 탓이요 제가 잘못 본 탓이로소이다' 라고 한탄하며 하나 앞에 나타난 언덕길을 터덜터덜 맥을 놓고 걷기 시작합니다.

새들
시인 낡고 작은 뒷마당 앉아
매일
보이지 않는 무엇 먹고 있다

인간 누구나 새처럼 날고 싶어한다
새보다 잘 보이지 않는 눈 갖고서

*** 자유**

하나는 언덕길을 오르며 그 동안 자기가 걸어온 길을 높은 곳에서 돌아볼 수가 있게 된답니다. 돌아보니 자갈길과 가시밭길은 서로 만나는 같은 길이었고요.

위에서 보니

계속 같은 길.
피할 수 없는 길.
벌떡 일어나 쫓아오는 길도 있었습니다.
정말 많은 길들이 있었습니다.
하나는 이제야 돌아보며

"길은 참 복잡하구나. 이렇게 복잡한 길들을 여러 모양의 이정표들이 다들 자기 나름대로 아주 목소리를 젊잖게 하여 말을 하기도 하고 말을 능숙하게 빨리 하기도 하면서 모두 친절하였기에 내가 속았었어. 내가 이정표가 권해주는 가장 그럴듯해 보이는 길을 골라가며 길을 가기 시작한 것이 잘못 되었던 거야." 하며 후회하였습니다.

하나는 언덕을 내려가며 다시 나타나는 이정표 사촌들 앞에
이번에는 그냥 '그럭저럭 그렇게 편편한 길'이라는
아주 긴 이정표를 스스로 택해 길을 걷게 됩니다.

그렇게 시작이, 그럭저럭한 것 같은 그 길을 가는데 조금 가다가 보니 하나 앞에 그럭저럭하지 않게 아름답게 핀 꽃 들이 만발한 꽃길이 나타나는 것이었습니다.

꽃길에 나비도 날고 바람도 따스하고 한가하게 불어주어
몸을 상쾌하게 하여 주었습니다.
"아~ 이렇게 편안할 수가. 이렇게 항상 편안하게 살면 얼마나 좋을까?" 이렇게 생각하는 하나의 그런 기분은 오래가지 않았습니다.

그대
어쩌다가 찾아오는 기쁨 앞에
마음 놓고 평안해 하지 못하는

그 누가 그 무엇이 수시로
갑자기 찌든 검은 망토 휘날리며
몇 개씩 짐짝 안겨 주었던 기억에

*** 평안 지속되지 못하게 길들여진**

하나는 의아해 하였지요.

이유는 있었습니다.

하나가 그 편안해 보이는 길을 걸으며, 그 길의 크고 아름다운 꽃들과 작지만 단아하게 핀 들꽃들, 그리고 그 사이를 자유롭게 나는 나비들을 가까이 가서 보니 모두 그림이었습니다.

그래서 향기도 나지 않았었고요.

사람에게 향기 나지 않는 일
인간 말이 향긋하지 못한 일
당신 눈길 향그롭지 않은 것

*** 인격 결격 사유 2**

하나는 그렇게 그림을 보며 실망을 하고 있는데
하나 앞을 지나는 수많은 파란 생명체들이 보이기 시작했습니다.

정말 완전 많았어요.

그 생명체들이 빠르게 줄을 지어 지나가자 놀랍게도 향기가 가득한 진짜 꽃들과 파릇파릇한 풀들이 쑥쑥 자라나기 시작하였습니다.

하나는 그 장면들을 보고는 너무도 신기해하며 그 파란 생명체들에게 다가가 말을 걸어 봅니다.

Antafri

"안녕하세요? 저는 하나라고 합니다."

아무도 쳐다보질 않습니다.

하나는 목소리가 작은가 하고 목에 힘을 빡 주고 더 큰 소리로

"안녕하세요? 저기요. 그러니깐 저는 하나라고 하는데요. 말씀 좀 여쭐 수 있을까요?" 그래도 아무도 아는 척을 안 합니다.

아무도 상대를 하지 않자, 하나가 실망하며 발을 돌리려는 순간이었지요.

"하나라고 한기여?"

다른 파란 생명체들보다는 색깔이 조금 덜 파란 생명체가 부드럽게 말을 걸어 왔습니다.

"자들이 말여 ~ 조금 다르면 절대로 상대를 안 한당께로 ~"

"나도 말여 쪼까 때깔이 달르다고 시방 완전 왕따 랑께 ~"

하나는 잘 알아듣기가 힘든 외래어를 쓰는

그 좀 덜 파란 생명체에게 한눈에 정이 갔습니다.

그 좀 덜 파란 생명체가 말하는 것의 반은 외국어 같아 무슨 말인지 못 알아들었지만 하나는 그 좀 덜 파란 생명체가 고맙기만 했지요. 자세히 보니 눈이 반쯤 감긴 채로 이야기하는 그 덜 파란 생명체는 귀도 좀 잘 안 들리는지 하나가 말할 때마다 귀 한쪽을 하나 쪽에 바짝 대며 이야기하는 것이었습니다.

하나는
"그래요. 저는 하나라고 해요. 무엇 좀 물어 볼 수 있을까요?"
다행히도 그 덜 파란 생명체는 계속 친절하게 하나의 질문에 꼬박꼬박 대답하여 주었어요. 그래서 하나는 마음이 편안하였습니다.

이것 하나 부족하여
천국에 들지 못한다
이것 하나 못 이루어
세상 사막 창조 되고

*** 그대 치명적 결함 불친절**

"아따.. 지루하던 차에 잘되었구만이라. 무시기가 궁굼한데 그런다냐? 무엇이라도 물어 보더라고~"
"어디를 그렇게 바삐 가시는 거예요? 그리고 누구세요?"
"음.. 나는 Antafri라고 하는디."

"앞에 가시는 분하고 뒤에 오시는 분은요?"

"뭐시여 ~ 야? 여기 앞에 야도 또 내 뒤에 나를 쫓아오는 쟈~도 역시 Antafri랑께 ~ "

하나는 앞의 가는 친구나 뒤에 오는 친구 그리고 답하는 친구도 모두 이름이 같다는 말에 웃음이 나올 뻔 한 것을 억지로 참으며 계속해서 친절히 답해 주는 것만도 고마워 바로 또 말을 겁니다.

불러서 대답하는 그 이름이
나라고 생각하는 그 이름이
서로 다르다고
정말 구별될까

어제도 그제도 생각하고
매일매일 행동하는 것이
거기서 거긴데 다를 수가

*** 이름이 무슨 의미가**

"Antafri 선생님 어디를 가시는 건데요?"

"나만큼 성질 급한 친구인가벼 잉 ~ 아까 한 질문을 또 했싸코…." "우리는 지금 일을 하고 있는 것이랑께로 ~"

"일요?"

"앗따 야가 시방 몰 당체 모르는구만이라 잉 ~ 아그야 ~ 그래 일을 해야 먹고 살수가 있는 거 아니다냐 ~ " " 참말로 ~ 내 성질은 천생연분 참 ~ 그건 아닌 거 같고 ~ 그냥 내 성질은 ~ 천 ~ 거시기 ~ 천성이여 그냥 천성 ~ 참말로 친절하당께로 ~"

"살아 있응께로 모두 먹기 위해 이렇게 열심히 일을 하여야 하능거 아녀 ~"

어제도 그제도 그랬었지
내일도 또 모래도 그렇게

그냥 그렇게 살아가며
저렇게 잘 되길 바라는

* 그대는 지금

"나와 친구들은 말여 ~ 먹이를 열심히 창고에 나르는 일을 하고 인는 거랑께 ~. 저기 저 친구들을 보랑께 ~ 쟈들은 말여라 허벌나게 ~ 나뭇잎을 날라 버섯을 키우는 농사를 지어가꼬 쌓아두는 아들이랑께로 ~. 어쨌던 우리들은 마려 ~ 그냥 머시기 거시기 ~ 먹을 것을 많이 쌓아 두는 거여 ~"

"저 많은 것들을 창고에 쌓아두는군요"

"그럼야 ~ 저렇게 많이 쌓아두어야 마음이 든든하당께로~"

"하나야 ~ 말여 ~ 우리들 사는 걸 보더 라꼬 ~ 180층 짜리 고층 빌딩에서 에어콘 환풍시설에 완전 빵빵 첨단이여 첨단 ~."

하나는 첨단 180층 이야기가 이해가 안 되었지만 먼 곳을 보다가 금세 궁금한 것이 있어 바로 물어 봅니다.

"그렇군요. 그럼 저기 저분들은 누구세요?"

끊임없는 질문에 척척 응해 주는 Antafri도 사실은 은근슬쩍 신이 났습니다. 친구들이 별로 상대를 안해 주는데다가 그동안 일만 하느라 너무 단조로운 생활에 지루해질대로 지루해졌기 때문입니다.

Antafri는 매일매일 친구들을 보며

앞 친구의 뒤만 보고, 왔다리 갔다리 하는 일만을 하는 친구들이 얼마나 답답할까….

나는 왜 살아가는 것일까
이렇게 살다 보면 어떻게 되는 것일까
이런 식으로 계속 살아도 되는 것일까

*** 이런 생각도 안하는 치명적 실수**

라는 그럴듯한 생각을 해보다가도 그 질문하는 자기 모습조차도, 바쁘게 또 똑같은 일을 하느라 잊어 먹곤 하였던 것이지요.

Antafri도 하나에게 일일이 대답하면서 사실은 하나가 한 같은 질문을 자기 자신 스스로에게도 던져 보는 것이었습니다. 그리고 이야기를 하며 자기의 생각이 정리되는 것을 보고는

'아-, 헝클어진 내 생각들이 정리가 되는구나' 하며

자기 스스로가 신이 나는 것도 있었습니다.

그래서 Antafri는 하나가 한 질문에 바로 대답합니다.

"응… 누구? 아 저 뾰죽 창 든 친구들 말여? 군발이들이여~"

"이 세상에 말여~ 일은 안하고 가만히 자빠져 있다가 우리들이 열심히 일을 한 것을 홀라당 빼앗아 가는 나쁜 놈들이 널부러져 있능 거여~ 이 시상에는 말여~."

"그래요? 자기네들 것이 아닌데, 더군다나 남이 일한 것을 가만히 기다렸다가 빼앗아 가는 나쁜 놈들이 있다고요?"

하나는 이제 Antafri가 하는 말투를 제법 잘 알아듣게 됩니다.

"그렇당께~. 그 놈들에게서 우리 것을 지키기 위해 우리 조상들은 머리에 쥐를 내가며 호박을 쪼까 굴려가꼬 저렇게 군발이들도 만들어 가꼬 거시기 머시기~ 또 그라고 조상님은 우리들 지도자들도 만들었당께~."

하나는 쥐, 호박 게다가 조상 같은 생소한 단어에 문장이 듬성듬성 띄엄띄엄 거려 또 이해가 잘 안 되었지만 진도 나가기로 합니다.

"그렇군요. 군발이들~"

그러는데 Antafri는 하나 말을 막습니다.

"아~ 나가 아그 앞에서 말실수 쪼까 했구만이라. 잉~ 아가야 정정해 부려 잉~ 정정~ 군발이가 아니고 군인이요, 군인~ 알긋냐?"

"그렇군요. 군인들은 참 좋으신 분들이네요. 나쁜 놈들로부터 착한 분들을 지키는 일을 하시니 말예요"

"그런가? 군발 아니 군인들이? 그라도 나가 보기엔~ 군인들이 하는 전장은 징그러운 거여~ 암~ 그건 그러코 말여, 다들 말여~ 편안히 살자고 우리 조상들은 1억 2천만년 전부터 이렇게 살아와서 말여~ 지구에 말여~ 살아 있는 것들 중에 사분지 일이 우리 Antafri랑께~ 그 징그럽게 많은 종류 중에 사분지 일이 우리면 우리가 이 지구의 주인인 거 맞제? 우리하고 비슷한 사촌만 해도 말여~ 일만하고도 사천 종류여~ 그런데 말여~ 자기네들끼리 마음대로 생긴지 오천년 밖에 안된다고 정하여 놓고 말여~ 우리 사는 것을 본 따서 사는 인간이라는 징한 것들이 있는데 말여~."

하나는 속으로 '아~ 그럼 이곳은 지구구나. 그리고 이 지구의 주인은 Antafri이구나' 그런 생각을 하며 얼른 Antafri 말을 가로막고 물어봅니다.

"1억 2천만 년 전이요? 오천 년이요? 그게 무슨 말이예요? 인간요?" "그리고 일만 사천 종류요?"

Antafri는 하나가 한꺼번에 질문을 해도 아주 친절하게 계속 대답합니다.

"응…. 해가 오르고 지는 것이 하루라고 한당께~ 그것이 365번이나 뜨고 지면 그것이 일 년이여~ 알긎제? 일 년. 그것을 쪼까 또 천번하면 천 년~그리고 또 이렇게 또 열 번하면 만 년~ 그리고 또…."

하나가 그 말에 별로 이해가 가지 않고 관심이 없는 표정을 하자 Antafri는 친절하게도 금세 말을 중단하며 말을 바꿉니다.

"그냥 아주아주 징하게 오래 되었다 이거여~ 에헴~"

"그냥 우리가 이 땅의 주인이라 이거지 에헴" 하며 수염을 쓰다듬으면서 으쓱 하였습니다.

하나는 Antafri가 수염을 쓰다듬을 때가 돼서야 Antafri가 수염이 짧게 난 것을 느꼈습니다.

"그래 우리가 이 땅의 살아 있는 것들의 반의 반이나 되면서 아주 거시기 빼쩍지근하게 오래되었따 이거여~"

"우리 Antafri의 세상이라 이런 말이여~ 에헴."

하나는 "Antafri가 같은 말을 되풀이 하며 에헴 하길래, 중요한 말은 여러 번 되풀이 하며 끝에는 에헴 하는구나 하고 생각했지요.

그리고 하나는 Antafri가 말한 대로라면 Antafri친구들 말고도 살아 있는 것들이 참 많은 세상이구나 하는 생각을 하였습니다. 저렇게나 많은 Antafri 친구들을 보면서 말이에요.

이 세상 다른 생명들이
눈에 보이기 시작할 때
세상 중심 축 제자리로
너에게서 남으로 서서히

그때부터
너는 작아진다
바로 그때부터
너는 익어간다

*** 자전의 오류**

Antafri는 자기 조상에 대하여 아주 자랑스럽게 말을 이어 나갔습니다.

"우리조상님은 말여~ 아프리카라는 곳에서 처음 나라를 세우시고 이 세상을 정복하기 시작했다고 전해지는디~."

머리가 영특한 하나는 금세 이런 생각을 말하게 됩니다

"그럼 선생님의 이름 끝에 아프리…. 그런 건가요?"

Antafri는

"흠… 그런겨~? 잘 모르겄… 하여간 그렇다고 전해지는디~ 우리 조상님은 …."

하나는 더 중요한 것 같은 질문을 얼른합니다.

"인간은 또 무엇인가요? 에헴 "

Antafri는 금새 얼굴을 찡그리며

길지도 않은 수염을 콱 잡더니 이야기를 이어갔습니다.

"인간….에헴"

"잉~ 징한~ 참 복잡하고도 어리석기 짝이 없는 동물이랑께~."

"우리 살아 있는 것들이 말여~ 언젠가는 꼭 만나게 되지만, 꼭 피해야 되는 아주 고약한 동물이랑께~."

"군발 아니 군인도 우리 Antafri 군발이는 말여~ 우리를 보호해야 할 때라든지 꼭 필요할 때만 싸우는데 저 인간들은 말여~ 그럴싸한 이유를 억지로 만들어 지그네들 조상부터 아직까지 말여~ 서로 보복에 보복 앙갚음에 앙갚음을 대대로 하면서 살아오고 있는 아주 저질 동물이랑께. 보복을 하면 이긴다고 생각하는 아주 어리석은 동물이여~. 보복을 하면 당연히 더 심한 보복을 당하게 되고 그보다 더 심한 보복을 위하여 더 큰 무기를 개발해 나가며 말여라~. 더 잔인한 앙갚음에 골몰하는 지도자를 따르는 아주 가까이 하면 안 되는 동물이랑께~. 게다가 말여~ 무기 팔아 먹는 아주 더러운 인간들이 말여~

음모를 꾸며 가꼬~ 지그네들 무기 팔아 머글라고 일부러 전쟁을 일으킨다는 거 아녀~. 그라고~ 그 지도자들이 평화고 어쩌구 내내 떠들어 싸는 게 저 인간들이랑께 ~ 그라고 저것들은 말여~ 기다란 쇠 막대기에서 불을 뿌어 가꼬 말여 한꺼번에 확 죽여 버리는 것 만드는 경쟁을 한당께로~. 그게 살 짓이여? 죽을 짓이여? 아, 그걸 몰러? 어떤 것들은 그 총인가 뭣인가를 머리에 베고 잔대지 아마? 으매~ 생각만 해도 징한 것들~"

하나는 Antafri가 같은 말을 계속 해 가며 매일 인간에 대해 이야기를 하기에 중요한 인간 에헴이라는 동물은 어리석고 또 어리석으면서도 무서운 동물이구나 하고 생각합니다.

하나는
"그 인간 에헴은 참 어리석은 동물 같군요."
"그 인간 에헴은 어디 사나요?"
Antafri는
"아니 인간 에헴은 무어냐? 그냥 인간이지, 에헴. "
하나는
'아니… 금세 또 인간 에헴 이라고 그러셨잖아요.' 라고 말하려다가 꾹 참고는
" 결국은 인간은 자기네 하는 일들을 자기 자신들이 모른다는 말이네요." 라고만 말하였습니다.

그러는 동안 종소리가
너무 무섭고도 시끄럽게 울리기 시작했습니다.

쉬는 시간이 끝났다면서 황급히 일어서는 Antafri의 이마에서는 땀방울이 아직 식지 않았습니다.

깨지는 종소리 거기 서라

아직 덜 식었다 내 땀방울
아직 덜 뉘였다 내 숨소리

* 노동자에게 바치는 꽃 한 송이

하나는 그 모습이 너무 안타까워 "언제나 이렇게 일만 하시나요?"

한 낮 가장 뜨거운 시간
가장 뜨겁게 기어가고 있는 개미들 에게 물어 보았다

내일도 가장 뜨거울 시간
뜨거운 쇳물보다 더 뜨거울 푸른 잎에게 물어 보았다

* 인간 너는 왜 사냐고 물어 보았다

Antafri는 "그런겨~ 우리들은 이러코롬 허벌나게 일만 하다가 죽어 가는 거여~."

그래 어제가 오늘 같고
그래 그제가 오늘 같다

그래 그렇게 그랬으니
내일도 그냥 그럭저럭

* 그렇게 말하기엔 너무나도

둘의 대화는 이어집니다.

"왜 일만 하시나요 ? 그리고 죽게 된다니요 ?"

"왜 그런지 내가 안담~. 그냥 다들 그러니깐~ 그러려니~.그라고~ 내가 말했잖여~ 쌓아두어야 없을 때 먹구 살재, 잉~. 근데 말여~ 사실은~ 이렇게 일만 하다가 쌓아두고 쪼까 그 부스럭지 간신히 얻어먹고 우리들 가는 허리 부러져 가꼬 다들 죽어 가는 거여. 그냥 그런거여~. 그라고 우린 잘 몰러 ~. 우리가 일해 가꼬 저렇게 많이 쌓아 두었는데~. 누가 저 많은 걸 먹는지 잘 모른당께~. 그냥 잘 모르니깐~. 일만 하는 거여~." "그라고~ 죽음…. 그건말여라~ 이 땅에서 사라지는 것이지." "하나의 까만 먼지로 말여~."

하루하루 살고 있는가 그대
하루하루 죽음의 간을 보며

*** 죽음이 무엇이냐고 묻는 그대에게**

"살아 있는 것들은 말여라"
"모두 죽음을 향하여 매일 다가가고 있당께."

없어지는 것이지
사라지는 것이고
잊혀지는 것이며
소멸되는 것이지

*** 라고 하기엔**

"저기 저 까만 동산 보이는감~?" "예…."

"그랴~ 이렇코롬 일만 하다가 때가 되어 일을 더 이상 할 수가 없고 몸을 움직이지 못할 때는 말여~ 저곳으로 가서 말여~ 우리의 파란 모습이 까맣게 되어 버려 가꼬 말여~그라고 숨이 간당간당 끊어져가면서 죽을 날만 기다리는 거여~ 모~ 사는 게 별거여~?"

그렇게 이야기하는 Antafri의 얼굴이 너무 어둡고 진지해 보여 하나는 침도 꼴깍 삼키지도 못하고 조용히 그 말에 귀를 기울입니다.

죽음… 그것은 매우 심각한 것이구나….
죽음… 이 세상에서 없어지는 것.
죽음… 몸을 더 이상 못 움직이면
죽음… 그냥 하나의 먼지가 되어….

다른 Antafri들은 그 무덤의 많은 자기 동료들의 주검을 보면서도 마냥 뜨거운 태양 아래서 일만 하는 것 이었습니다. 그저 남들이 하는 것이니 그냥 따라 하는 것 같았습니다.

작렬하는 불덩이 아래
증발되어 버리는 영혼
하얗기라도 하면 덜할 텐데
까맣기만 하니 더 뜨겁기만

*** 그대 마음 색깔**

그렇게 Antafri와 가깝게 오래 지나던 어느 날 하나의 한쪽 머리에서 더듬이가 나오기 시작했습니다.

하나의 더듬이가 점점 자라던 바로 그날 오후였습니다.

Antafri가 항상 하듯이 자기보다 큰 짐을 지고 산을 올라가고 있었습니다. Antafri앞 다른 Antafri도 큰 짐을 지고 앞에 가다가 다른 Antafri가 짐을 놓치게 되었습니다. 짐이 구르며 산에 걸려 있던 큰 돌을 툭 치는 바람에 돌이 산 밑으로 구르는 순간, 하나 친구 Antafri는 돌을 피하지 못하고 돌에 가슴을 맞아 하나가 보는 앞에서 풀썩 쓰러지고 말았습니다. 가슴뿐만 아니고 넘어지며 다리도 다쳤지요. 잠깐 사이였습니다. 하나는 너무 놀라 Antafri에게 달려갔지요. Antafri는 부상이 매우 큰지 가슴을 움켜쥐고 숨도 가까스로 몰아쉬고 있었습니다. 다가간 하나에게 Antafri는 하나 더듬이를 다정스럽게 쓰다듬으며 말했지요.

"내가 이럴 줄 알았당께~."

"다들 이렇게 갑자기 뭔 일이 터지더라고~ 컥."

어느 날
갑자기
그렇게

그것도
한두 번도 아니고

*** 가슴 덜컥 내려앉은 일들은**

Antafri는 갑자기 큰 기침을 하며 피를 흘리기 시작했습니다.

"그동안 고마웠당께~. 내 친구가 되어 주어서 말여~."

"자기의 말을 그러코롬 진실되게 다 들어주는 누군가가 곁에 하나라도 있다는 게 얼마나 좋았는지 몰러~. 우리 Antafri들은 말여~, 컥! 서로들 말은 해도 말여~ 일에 관한 말만 하고 말여~ 마음에 있는 말은 하지 않고 살아간당께~. 나가 컥! 이러코롬 하고 싶은 말~ 앞뒤 재지 않고 다 한 것은 처음이여~. 진실되게 아무 부담 없이 요로코롬 모든 걸 들어 준 것도 너가 처음이여~. 너를 만나 너무 행복했당께로~. 남에게 마음을 완전히 전부 줄 수 있다는 것이 이렇게 기쁜 것인 줄 모를 뻔 했당께로~."

모든 걸 말할 수 있는
그대 곁 누구 있나요
그는 어떤 이 인가요

많은 이들 곁에 있어도
누구 하나 없나요
모든 걸 들어 줄 수 있는
누가 있긴 한가요

* 진정 거기 누구 없소

하나는 너무 놀랐습니다.

마치 더 이상 보지 못할 것같이 말했기 때문이었지요.

하나는

"기운을 내셔요. 제가 도와줄게요."라고 말하며 진심으로 마음 아파했습니다. Antafri가 까맣게 변해가는 몸에서 빨간 피를 점점 더 많이 흘리고 있었기 때문입니다.

하나는 Antafri의 옆에서 한숨도 안자고 보살핍니다. 하나의 그러한 지극한 정성 덕분인지 Antafri는 다행히도 하루하루 지나며 상처를 치유해 나가기 시작하였습니다. 많이 까맣게 된 몸도 점차 파랗게 되어 가고 있었지요. "하나야 너는 참 따뜻한 마음을 가져버려꾸나, 잉~. 나의 동료들도 나를 돌보지 않고 그저 저렇게 자기 할 일만 하는데 너는 나를 이렇게 내 곁에서 꼬박 돌보아주니 말여라~"

"하나야 나는 말여~ 나가 죽을 고비를 넘기며 마려~ 근게~ 이자쪼까 보이기 시작하는데 말여라~ 그런 생각이 드는 거여~. 네가 혹시… 우리들이 그렇게나 오랫동안 기다려 왔던…"

하나는 Antafri가 말을 잇기를 기다립니다.

Antafri는 한참 있더니 말을 천천히 잇습니다.

"오래 전부터… 말여~ 힘들게 일만 하다가 사라지던 우리들을 구원하여 준다는…, 그…, 왜냐하면… 네 머리 위에서 말여~ 우리처럼 더듬이가 나는 것도 이상하고 말여라 그라고 무엇보다도 언제부터인가 네 머리 뒤에서 말여라 빛이 나는 것을 가끔 본 적이 있당께 ~."

하나는 놀랍니다.

"빛이요?"

"그렇당께. 사람이라는 동물들~ 나가 말했잖여~ 그 동물들은 자기네들이 세상을 지배하고 있다고 하는… 그런… 동물들~ 사실~ 우리들이 지구 생명들의 반의 반이나 차지하고 있는데도 말여, 에헴~. 어리석기 짝이 없으면서도 자기네들이 제일 똑똑한 척하는 아주 한심한 동물 말여~"

"우리보다 더 매일매일 도는 쳇바퀴에서 빠져 나오려고 하면 할수록 더 빠져들며 일만 하다가 그라는 줄도 모르고 죽어가는 어리석은 동물 말여~"

하나는 자주 들은 그런 말에는 관심이 없고
빛이라고 한 말과 구원이라는 말에 관심이 있었습니다.

그래서 하나가 더 물어 보려고 하는데
갑자기 먼 하늘에서 무슨 소리가 들리기 시작했습니다.

Antafri가 거의 완치되어 가슴의 큰 부상도, 부러졌던 다리도 다 나아서 여섯 다리로 걸어보려는 첫 날이었지요. 갑자기 머리 위 하늘이 어두워지며 너무도 굵은 빗방울이 떨어지기 시작했습니다. 차라리 빗방울이 아니고 물 폭탄이라고 해도 좋을 만큼 하늘에서 물이 콸콸 소리를 내어가며 쏟아졌습니다.

Antafri 친구들은 너무 갑자기 큰 빗방울들이 쉬지 않고 몰아치자 허둥지둥 이곳저곳으로 뛰어 다니며 피하기 시작하였습니다.

그래 이렇게 만들어졌다
갑자기 다가오도록

그래 원래 창조 자체부터
피할 수 없게 무섭게

네 생명 내내 깊은 마음
굵은 빗줄 박히도록

*** 그렇게 많이 보고도**

갑자기 몰아닥친 폭탄 빗방울은 모여들어 겁나는 큰 물줄기가 되었습니다. 그리고는 순식간에 Antafri들이 그동안 모아놓은 음식들과 집 주위에 있는 것들을 흔적도 없이 다 쓸어가기 시작합니다.

굵은 홍수에나 무너진다 생각했지
우리 사이 안 무너질 거라며

아무리 작은 틈새라도 스며들어
부스러트리는 녹으로 습기로

한 방울 의심
한 방울 시기
한 방울 증오 스며들었을 때

* 마음 방수처리

Antafri들의 아우성도 굵은 빗물 소리에 순식간에 묻히고 이 세상에는 물만 있는 듯 물소리 밖에는 들리는 것이 없었습니다.

모든 것이 떠내려갑니다. 무표정한 덤덤한 물소리와 함께….

그 동안 하나도, Antafri들도 중요하게 생각하였던 것들이 그야말로 잠깐 사이에 거짓말같이 물속으로 쓸려 들어갔습니다.

먹을 것도
입을 것도
지내던 집도
쌓아 놓았던 재산도
곁에 항상 사랑했던 이들도

그리고 무엇보다도
모든 것이 영원하리라는 믿음도

* 쓸려 나가지 않는 것이 하나도 없다니

하나의 모습은 머리에 더듬이가 난 Antafri모습이지만

몸 밑은 코이 꼬리가 있었지요. 헤엄을 칠 수 있었지만 그래도 물살이 너무 거세어 물살에 쓸려가다가 숨을 쉴 수가 없어 눈을 감고 맙니다. 한참이나 그렇게 눈을 감고 떠내려가다가

눈을 떠 보니

그래 그땐 숨도 쉬기가 쉽지 않더군
눈물 나오는 것도
외쳐 보는 것도
매일 밤 오지 않는 잠을 청하는 것도
다 힘들었을 때 말이야

눈을 감았었어
그냥 다 보기 싫어서
아침에도 눈을 감고
저녁에도 눈을 감았지

어차피 아무것도 안 보이는 밤에만
가끔 눈을 떠 보곤 했었어
그때는

* 그땐 그랬었다고 말하는 지금

하나 눈앞에 갑자기 빗방울이 밧줄처럼 꼬이며
하늘로 오르는 모습이 보였습니다.
하나는 물에 떠내려가며 급하게 그 밧줄을 한 손으로 잡습니다.

모든 것이 떠내려가도
한 줄은 내려와 있더라

모든 것 돌아 앉았어도
한 줄은 꼭 너를 향해

그저 그렇게 허무한 듯
떠내려가며
힘 빠진 손 벌려 보면
잡혀지는 게

* 그런 게 있었더라 참 오래 살다 보니

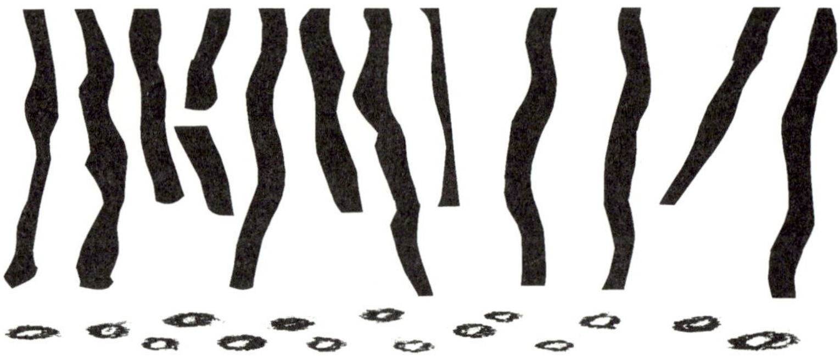

하나는 빗줄기를 밧줄 삼아, 꼭 잡아가며 위로 오르게 됩니다. 그렇게 비 밧줄을 타고 올라가 비 끝줄기인 높은 산에 다다라 아래를 내려다보니 자기만 간신히 홀로 살아남게 된 것을 알게 되었습니다. 모든 이들이, 힘들고 어리석게 살아왔던 그들 삶의 굴레와 함께 허무하게 사라진 것을 알고는 그 자리에서 털썩 주저 않고 마는 하나.

죽음 앞에서 간신히 살아남은 이의 눈빛은 확연히 다르게 되지요. 하나의 눈빛도 비장하게 달라져 있었습니다.

그대 눈빛 속에
하얀 날 섰던 서릿발
그대 눈동자 속
돌만 한 우박 박혔던
자국들

지금도 그대
처진 눈가에
찢긴 폭풍우 지나가네요

*** 가련한 그대**

하나는 온통 젖은 몸을 서서히 말리며 마음도 서서히 증발해 말라 꼬여 가고 있었습니다.

그러는 하나 앞에 갑자기 근사하게 우아한 모습. 두 개의 날개가 나타났습니다. 햇빛을 등지고 하나 앞에 나타난 것이어서 잘 보이지는 않았지만 잘 안 보여서 그런지 하늘의 천사처럼 보였지요. 그 날개는 낮고 부드러운 목소리로 천천히 말을 하기 시작했습니다.

"나는 다 보았지비~.다 쓸려 나가는 것들을~
어제도 보았고 그제도 보았지비~"

"나는 그렇게 쓸려 나갈 것들에 마음을 두지도 않고
저렇게 열심히 일만 하여 허리가 끊어질 리도 없지비~."

그러면서 슬쩍 사라졌습니다.

아무도 볼 수가 없다가 누군가를 보아서 반가웠던 하나의 마음은 보였던 것을 금세 못 보게 된 만큼 또 어두워졌습니다. 하나는 제법 오랫동안이나 아무도 볼 수가 없었습니다.

그저 맑은 하늘과 맑은 달만 보고 지냈지요.

그러던 어느 날
매일 매일 더운 날 중의 어느 날

하나 앞에
두 개의 날개가 다시 나타났습니다.
날개는 비치는 빨간 망사 날개였습니다.

"나는 너를 알지비"
"네 이름은 하나 지비~ 하나"
"어~ 제 이름을 아시네요. 저를 어떻게 아세요?"

빨간 날개의 목소리는 아주 듣기가 좋았습니다.
"고럼 고럼~."
"고로코 말고~ 암~."
"나는 하늘을 날며 모든 것을 굽어 보는디."
"내가 모를 것이 무엇이기요…."
"나는 다 보았으니끼니~"
"나는 내 눈으로 확실히 본 것만을 이야기하지비~."

Mosquijohn

"나는 Mosquijohn이야요~. 기리니끼니 우리는 이 땅에 일억 칠천만년 전에 탄생한 이래로 대대로 높게 아주 높게 그리고 거룩하게 살아왔지비~. 나는 무엇이든지 할 수 있지비~.

높은 곳은 더 높아지고
낮은 곳은 더 파여지고
높은 곳도 대대로
낮은 곳도 대대로

* 양극화 굴레

기리니끼니 기냥 높고 거룩한 이라고 불러도 됨네~. 아래에 사는 것들이 나를 높은 이라고 부르기도 하고 거룩한 이라고도 불러주는데 나는 둘 다 마음에 듬네."

"나는 지저분한 땅 그리고 땀에 젖은 그런 너절한 것들을 혐오함네~. 그런 것들은 그저 아랫것들이나 관심있는 거 아님네? 고롬 고롷고 말고."

"하늘 아래 태양이 두 개가 있을 수 없음네! 하고 말만 하믄 아랫것들이 그냥 깜빡 굽실굽실 함네~."

처음 시작은 사막이었다
거룩한 스승들 모두 낮은 이 섬기기 바빴고

너희 들 손에 넘어간 후
조직 만들고 스스로 무서운 권력 폭력 되어

* 당신들만 잘해 왔어도 세상은

하나는 생각했습니다.

"하늘 아래 태양이 두 개가 있을 수 없다, 아! 멋있는 말이다, 빛이 날 것 같은 선언이고…."

우리만의 태양
그 한 마디 말

펴덕거리는 헝겊 깃발 그저 그런 색깔들에 휘말려
사람들은 뭉쳐지고 주먹 꽉꽉 쥐게 조정되어 왔다

그러나 나의 태양은 남이 보는 별 중에 그저 하나
그리고 남의 태양은 내가 보는 등불 중 그냥 하나

* 평행선 먹고 사는 권력 조직 모두에게 묻는다

하나는 그때부터 "아… 높으신 분 거룩하신 분" 이란 말을 입에 달고 다니며 Mosquijohn을 쫓아다니면서 고개가 항상 하늘을 향해 굳어지게 됩니다. Mosquijohn을 하루 종일 위로 존경하는 모습으로 쳐다보아야 하기 때문이었지요.

하나는 Mosquijohn에게도
또 많은 질문을 하는 성질이 발동합니다.

"내가 그런 너를 자~알 알지비"
"그래 어떤 질문이라도 이 높고도 거룩한 나에게 물어보야 하지비. 힘들게 일하지 않아도 되고 영원히 살게 되리라 언제나 군림하리라 또한 네가 인생의 진리를 깨닫고 빛을 찾으리로다."

하나는 Antafri하고 지내며 그들이 너무 일을 많이 하는 것을 보았고, 또한 일한 결과가 하루아침에 무너지는 것을 겪고는 Mosquijohn의 말… 아니 선언은 하나에게 구원의 빛으로 다가왔습니다. 그래서 반색을 하고 매일매일 Mosquijohn에게 삶의 가르침을 배우게 되었습니다.

하나는 배움의 시간을 지내며 입에서 뾰족한 침이 스르르 나오기 시작합니다.

Mosquijohn의 삶이라는 것은 가만히 놀고 있다가 다른 생명체들이 열심히 일하여 만들어 놓은 수액이나 체액을 그들이 모르게 다가가 기다란 침을 꽂고는 엑기스만 뽑아 먹는 것이었습니다. 다른 생명체들은 처음에 따끔 거리는 침을 맞았을 때는 움찔거리며 아파하다가 이제는 자기네들이 빨리는 것을 그냥 그러려니 하는 것이었습니다.

Mosquijohn은 자랑스럽게

"더러운 일을 하루 종일 안 해도 되고 말이지비, 땅에서 나오는 더러운 것들을 먹지 않아도 되고 그렇게 힘들게 지저분하게 씹어 먹지 않아도 살아 갈수 있으니 이 얼마나 쉬운 삶임네."

"딱 보아도 참으로 쉬운 삶인거 알겠지비? 하나야."
라고 수시로 같은 말을 자랑스럽게 말하였습니다.

그런데 하나는 시간이 점점 지나며

Antafri들이 가늘기만 한 허리로 힘든 일을 해가며 고통스러워했던 모습들이 수시로 마음에 떠오르기 시작했습니다.

그러면서

남의 것을 뽑아 먹는 것도 모자라 나중에는 당연히 여기게끔 만들어 버리는 그런 모습이 마음에 걸리기 시작했지요. 그런 생각이 들고 나서부터는 하나의 입에 자라기 시작하는 뾰족한 침이 점점 구부러지기 시작했습니다.

그 침이 구부러지다가 마침내 입에서 힘없이 툭 하고 떨어져 버리는 하늘이 청명한 날 이른 새벽이었습니다.

하나는 '안 되겠다 마음이 편치 않아 이곳에서 떠나야 하겠다.' 라는 마음을 굳히게 됩니다.

보이지 않는 곳에서
찾는 이유는

싫은데도 떠나지
않는 이유는

* 자신에게 솔직히 물어보라

하나는 Mosquijohn에게 떠나기로 한 자기의 결심을 알리기 위해 찾으러 다녔는데 찾을 수가 없었습니다.

뜨거운 계절이라 태양이 이글거리는지, 낮에 태양이 이글거려 세상 전체가 화끈거리는지 생각하기도 힘든 날이었습니다.

이글거리던 태양이 저녁이 되었는데도 식지 않고 점점 더 뜨거워질 것같이 보이는 늦은 저녁이었습니다. 풀이 '풀풀' 많은 늪에 이르러 하나는 물에 흔들리며 비춰진 어떤 모습을 보고는 이상한 기분이 섬뜩하게 듭니다.

이상한 기분에 고개를 들어 보니 아주 높은 나무 아래에서
아주 익숙한 목소리가 아주 부드럽게 들리기 시작했습니다.

"나는 죽지 않는다. 다만 사라지는 척할 뿐이다 "

Mosquijohn이었습니다.

하나의 앞에 나타난 장면을 보고 하나는 본능적으로 뒷걸음을 치고 말았습니다. Mosquijohn이 이상한 끈끈한 줄에 걸려 힘겹게 헐떡

거리고 있었기 때문이었습니다.

하나가 보기에도 Mosquijohn이 줄에 칭칭 감겨 이제는 힘이 다 빠져 서서히 죽어가고 있는 것이 확실하였습니다. 얼굴이 창백했지요. 그러면서도 Mosquijohn의 음성과 말투는 평상시와 다를 것이 없었습니다. 다만 말끝이 약간 흔들리고는 있었지요.

그래 움직일수록 조여 왔었지
그래 그 밤안개 퍼져 왔었어
그래 발버둥 칠수록 다가왔어
그래 독이 온 몸에 퍼지면서

*** 어쩔 수 없이 다가올 것은 오고야 마는**

하나는 울먹이며 스승처럼 행동한 Mosquijohn의 무기력한 모습을 지켜보며 자기가 그를 구하기 위해 아무것도 할 수 없음을 한탄하게 됩니다.

그러면서도 그렇게 허약하게 죽음을 기다리는 Mosquijohn에게 묻습니다.

"내려오세요. 무엇이든지 하실 수 있다고 하셨잖아요…. 왜 그런 모습을 하고 계시나요. 그렇게도 높이 날며 잘 보시는 것 같이 하시더니 한 낱 눈 바로 앞 그 얇은 줄을 못 보시고 거기에 걸려 계시다니요…. 저에게 일러 주신 그 많은 가르침은 다 무엇인가요?"

마음이 안타까워 통탄하는 하나를 향하여
Mosquijohn는 더욱 더 목소리를 가다듬으며 말합니다.

"내가 가리키는 저 곳을 꼭 가봐야 한다 하나야 너느…"
"저기 저 곳에 사람이라는 동물이 있다… 안다… 그 동물들으은…."

드디어 점차 숨소리가 거칠어지면서도 꿋꿋한 모습을 지켜내느라 애쓰는 모습이 참으로 안타까왔습니다.

그러다가 Mosquijohn은 헐떡거리며 이야기를 빨리 하기 시작합니다. 목소리도 갈라지며 가늘어지고 다급하여 졌습니다.

"주검의 그림자 발자국 소리가 들리는구나.. 하나야."

그 순간이었습니다. 그 이상한 줄 끝에서부터 털이 '털털' 많고 시꺼먼 동물의 발이 보이기 시작합니다.

머리에 달린 뾰족한 집게에 털 달린 여덟 개의 다리를 갖고 뒷배 끝마디에는 가시나무 가시처럼 무서운 독침을 가진 동물이었습니다.
아주 천천히 다가오는 그 다리들.

조직의 검은 털이
권력의 긴 다리가
보이는 곳이 어디 한 군데 뿐이랴

조직과 권력 맛들이며 살아온 자
결국 그것들로 희생 되고 말건만

*** 나중에야 알게 된단다**

Mosquijohn이 더 다급하게 말합니다.

"하나야… 내가 이제라도 솔직하게 빨리빨리
말해야 할 때가 된 것 같구나… 지금이라도…"

"사람들 높은 집단들은 Antafri 족속처럼 낮은 사람들이 많이 일하여 모아둔 것 대부분을 일도 안하는 그 집단이 가져가고 낮은 이들에게는 그들이 아주 굶어 죽지 않을 정도의 것만 나누어 주지."

"무엇을 베푸는 것처럼 생색을 내면서 말이야. 그리고 그중 또한 조각을 뺏어 그 집단들을 그럴싸하게 뒤에서 보호하는 집단에 주어 또 빨아 먹게 한단다. 낮은 이들은 대대로 이렇게 내려왔으니 착취당한다는 것조차도 모른단다. 또 이것이 왜 문제가 되는지 개념도 없으면서, 그냥 그러려니 하며 다들 넋을 놓고 살아간단다."

"하나야 얼른 도망가렴. 내가 몸부림칠수록 저 검은 다리가
나에게 빨리 다가오는 것이 보이지 않니? 거의 다가왔구나."

"그동안 미안했었단다. 나도 사실은 그냥 이렇게 살아와도 되는 줄 알았단다. 편안히 사는 맛에 길들여져서 말이야. 그런데 이 기분 더러운 끈적 줄에서 끈적거리며 헤매면서 '아 - 저 낮은 이들도 이런 기분이었겠구나. 그냥 바동거리며 살다가 결국은 희생 제물로 던져지는 … 저들이 아무것도 모르는 것처럼 나도 사실은 아무것도 몰랐었구나. 모르고 평생을 잘 난 척하며 산 어리석은 존재였구나.…' 라고 깨닫기 시작 하였구나. 나는 이제라도 사실을 어렴풋이 알아 진심으로 이렇게 후회하며 마지막이라도 너에게 고백하지만… 저 사람 집단들은 결코…"

잠시 후

하나는 더 이상 그 참혹한 현장에 있지 못하고 눈을 가리고 맙니다. 그리고는 그렇게 모든 것을 잘 보는 것같이 하였던 Mosquijohn을 끈끈이 줄에서 잃고 황급히 떠나며 많은 생각을 하게 됩니다.

풀 나무
새 동물
살아 있는 것은
모두 다 입지 않고 살아간다

인간만이 껴입고 다닌다
교만의 속옷
거짓의 겉옷

* 살고 싶은 그대에게

교만 때문에
쫓겨난 그곳

다시 들어가려면
최소한
내쳐진 이유는 내려놓아야 되는 것 아니냐

* 천국의 계단

구글에 분명히 이렇게 정의 되어 있다
겉으로는 번들거리지만 속은 찌들어서
마음을 절대로 활짝 열지 못하는 존재

남에게 들키면 안 되는
거짓과 원한의
슬픔과 실패의
상처투성 너덜 속옷 껴입고 있기에

* 현대인

Antafri가 말한 인간이라는 집단은 무엇이고

Mosquijohn가 말한 사람이라는 집단은 또 무엇일까….

그리고 왜 그렇게 하늘을 높이 날면서도 자기 앞의 그 가느다란 끈적 줄을 보지 못하고 생명을 내어 주었을까….

하늘을 나는 스승도 꼼짝도 못하게 하는 저 가느다란 줄의 진짜 정체는 무엇일까…. 끈적 줄을 지배하고 있는 저 무서운 털의 집단은 얼마나 될까….

어리석음에서 벗어난다는 것은 어떤 의미가 있게 되는 것인가….

하나는 그렇게 여러 생각을 복잡하게 헝클어지게 하며
목적하는 곳도 없이 무조건 이리 걷다가 저리 걷다가 하며
휘청거리면서 아무 의미도 없이 하루하루를 지내게 됩니다.

그러던 어느 날.

주위가 온통 노랗게 빨갛게 되는, 제법 이상한 노을이 하늘을 덮는 늦은 저녁이었습니다. 하나는 이날도 어찌 걷다가 보니 노을을 뒤로 하고, 깊은 산속으로 들어가게 되었습니다.

그 깊은 산속에서 하나는 그만 덜컥 길을 잃고 말게 됩니다.

이 길인가 하여 들어섰는데 그만 아니었고 또 그 길인가 해서 들어갔는데 그만 아닌 것은 물론이고, 밖을 볼 수도 없고 그저 같은 장면만 보이는 길을 뱅뱅 맴맴 도는 것 같았습니다.

미로 속으로 빠지고 만 것이었습니다.

돌아도 또 돌아도
거기가 거긴 미로.

미로 속 벗어나 마냥 걷는다는 것

너를 짓누르던 모든 것 내려놓고
너를 떠받치고 있는 두 다리에만
온전히 기대는 겸손한 수행 행위

침묵이라는 충실한 친구와 함께
그렇게 마냥 걷고 또 걷다 보면
어느새 너 이미 치유되고 있음을

* 앞이 안 보이는 것 같지만

삶을 그윽하게
시간을 자욱하게
자신을 고적하게 하고 싶은가 그대

그렇다면
침묵이라는 아주 작은 배낭 하나 메고
지금 당장 나가 질기기만 한 안개 속
걷고 또 걸어라

네 몸 감던 뱀 껍질안개 걷히고

네 스스로의 모습
네가 서 있는 길
네가 갈 곳이
보이리니

* 그대 스스로 만이

하나는 미로에서 걷고 또 걷습니다.

잠이 아직 들지도 않았는데 깨어나 머리 날린다

오지 않았으면 하는 일은 왜 꼭 일어나는 것일까
일어났으면 하는 일은 왜 또 번번히 가물거릴까

그리운 것들은 밤 되기 전에 사라졌고
녹슨 쓰레기통에 던져야 했던 것들만이
밤에만 조는 작은 등 언저리 어슬렁거린다

내가 앉아 있는 밤이 이렇게 어두울 줄이야
내가 일어날 아침 이다지 아프기만 할 줄이야

*** 산 넘어 산이다**

그렇게 미로를 걷고 또 걸으며 몸은 피곤할 대로 피곤하면서도 정신은 점점 맑아지게 됩니다. 무서움도 서서히 사라지는 것 같았습니다. 그렇게 미로를 걷다보니 눈에 들어오는 것이 있었지요.

미로 구석에서 때때로 이상한 동물을 보게 된 것이었습니다.

이상한 동물들.

그 동물들은 미로를 지날수록 점점 많아지기 시작하였는데 하나같이 쉬지 않고 큰 소리를 지르면서 옆도 안보며 둥그런 쳇바퀴에서 마구 뛰는 것이었습니다. 그 동물들은 누구나 소리를 이렇게 저렇게 언어처럼 쓰는데 아무도 그 소리에 관심을 가져 주는 동료 동물은 없었습니다. 그래서 서로 그냥 떠드는 것 같아 보이기도 하였습니다. 모두들 한결같이 떠들며 구석구석에서 쉬지 않고 뛰고 있고 소리가 요란한데다 굴레까지 마구 돌아가고 있으니 몹시도 혼란스러웠습니다.

이러한 모습을 보며 그 곁을 걷고 있는 하나는 정신이 떠나갈 지경이었고 나중에는, 그들이 직접 하나를 해치려고 하는 것도 아니었는데도 그들이 무섭기까지 하였지요.

그 속에서 뛰고 있는 동물들은 아마도 자기네가 왜 쳇 바퀴를 스스로 돌리면서 떠들고 있는지를 모르는 것 같았습니다.

그제가 어제이고
어제가 오늘이고
오늘이 내일이니

당연히 지금이
내일의 너이고

* 그대의 미래를 알고 싶은가

그래도 걷는다는 것은 참 좋은 것 같았습니다. 하나가 그렇게 어수선한 장면들을 지나 한참이나 더 걸었더니 그 쳇바퀴 속의 시끄러운 동물들은 더 이상 나타나지 않았습니다. 왜 그 동물들이 더 이상 나타나지 않는지 알고 싶지도 않았습니다.

하나는 그 동물들을 보지 않았더니 머리도 제법 맑아지고 무서움도 거의 사라지는 것을 느끼게 되는 것만으로도 좋았기 때문입니다.

미로 속 제법 짙은 밤
몸은 고단하기만 하여도
기분만큼은 은근히 좋아지려는 그 순간이었습니다.
저 멀리서 노르스름 노란 빛이 어슴푸레 비추는 것이 보였습니다.
하나는 그 빛을 찾아 쫓아가기 시작했지요.

Ninoxmaupu

그 빛은 하나가 한발 가면 한발 정도 다가오고
두발 가면 두발 정도 다가왔지요.

천천히 발걸음 하면 천천히
빠른 걸음하면 빠르게 다가왔습니다.
하나는 노란빛을 향하여 빨리 뛰기 시작했습니다.
뛰는 동안 하나의 눈은 점점 커져 갔지요.

눈을 크게
눈을 밝게

마음 크게
마음 밝게

제대로 보아야
이제부터라도

* 그 만큼 잘못 보아왔으면

잠시 후 하나 앞에 가깝게 빨리 날아온 그 노란 빛은 큰 날개와 빛나는 큰 두 눈을 가진 생명체였습니다.

나무의 잎들이 모두 노랑이랑 빨강으로 물드는 계절이었기에 캄캄한 밤중에 그 노란 빛에 비추어지는 단풍들은 너무도 아름다웠습니다.

모든 것 정리하고
먼 길 떠나기 위해
이파리 수액 끊고 가지 위에 앉아 있다

빨 노랗게 아름답다 탄성 미어터지지만

날 선 하얀 시간 앞에
식음 끊고 갈 준비하는

* 그 것이 구경거리일까

그 노란빛은 멋진 단풍을 뒤로 하고는 그럴듯한 근사한 모습으로 위풍당당하게 말하였습니다.

"나는 Ninoxmaupu란다."

"모두 나를 숲속의 현자라고 높여 부르지, 암 그렇고말고."
"세상의 모든 진리를 알고 있지."
"모르는 것이 없단다. 암 그렇고말고."

"네 이름은 하나, 너는 지금 고뇌하고 있고…, 완전 복합적인 혼란 속에 빠져 허우적거리고 있구나."

"나는 너의 이름 뿐만이 아니고 네가 누구인지, 왜 이 땅에 왔으며, 무엇을 해야 하는지를 알고 있지, 암, 그렇고말고." "또 너는 인간이, 사람이 무엇인지 도대체 무슨 동물인지…." "너무 너무 알고 싶어 하는구나, 암, 그렇고말고."

나는 누구인가 묻지 못하며

나는 어떻게 여기에 왔고
　어디에 있는가
　어디로 가는가
　이렇게 계속 살아도 되는가를
　고민하지 않는 사람들과 같이
　숨을 섞고 하루하루 살아가는가

그대는 이미 속 까지 말라 비틀어져 가는 양파 부스러기일 뿐

* 아주 간단한 결론

"아- 사람도 인간도 다 아시네요."

Ninoxmaupu는 약간 말끝이 더듬거리는 말투였지만 자신 있게 말을 이어 갔습니다.

"그럼, 그건 같은 말이란다. 암, 그렇고말고."

"네?"

하나는 놀랐습니다.

"같은 동물이란 말인가요?"

“그렇지… 인간과 사람은 같은 말이란다.
인간은 한 마디로~ 아주 멍청하기만 한~ 암, 그렇고 말고.”

“아- 그렇군요. 제가 만난 선생님들께서 모두 비슷한 이야기를 했었어요.”

Ninoxmaupu는 신이 나서 말을 계속합니다.

“인간이란 동물은 말이지… 사천사백일이나 배우고도 잘 몰라, 또 천오백일을 더 배우고 또 천팔백일을 또 배우지. 그런데 더 배울수록 잘 모르면서 잘 아는 척을 하는데, 이런 인간 종(種)들이 세상을 쇳덩어리들로 지배한다고 날뛰고 있으니, 점점 더 개념 실종 사건이 창궐하는 애매모호한 세상이 되기를 반복하고…. 암, 그렇고 말고….”

Ninoxmaupu 말은 이어집니다.

“나는 모든 것을 안단다. 아주 오랫동안 연구하고 또 연구하며 살아 왔지. 그래서 모두들 나만 쳐다보며 존경을 하고 있지~. 암, 그렇고말고.”

“네가 미로에 빠진 이유도 알고, 너를 그곳에서 빼내온 것도 나 아니었으면 아무도 할 수가 없는 일이야. 암, 그렇고말고.”

하나는 기뻐합니다.

“아- 제가 미로에서 드디어 빠져 나왔군요. 드디어 제가 길을 찾았군요. 제가 선생님이 감사하게도 비추어 주시는 그 인도의 빛을 보고 뛰어 나와서 그 미로를 빠져 나오게 되었군요.”

“아- 빛. 나를 이끌어 주신 빛.”

하나는 너무 기뻐 소리를 질렀습니다.

잘 보는 것이 잘못 보는 것이고
잘못 보는 것이 잘 보는 것이니

갈채 속 자라고 있는 야유
환호 속 이미 싹튼 망각들

깊은 속

지금 진짜 자기를 보고
언제나 진정 남을 보고

* 네 스스로

그런데

하나는 이런 저런 말로 기뻐하면서도 Ninoxmaupu가 말 끝에 붙이는 '암, 그렇고 말고' 는 무엇일까 하며 '암, 그렇고 말고' 라는 말에 신경 쓰느라, 자기가 무슨 말을 했는지도 헛갈리며 멍한 모습으로 있게 됩니다.

갑자기 Ninoxmaupu가 어찌 알았는지 호통을 칩니다.

하나는 갑작스러운 호통에 깜짝 놀라 정신을 차립니다.

"하나야, 너도 해봐라. 암, 그렇고 말고. 얼른… 뭐 일체감이 있어야 할 것 아~니냐. 암, 그렇고 말고."

"암, 그렇고 말고."

"아니~그건 반말 아니냐! 반 토막 말! 말에 토막이 나서야 되겠느냐. 너는 암, 그렇고 말고요 해야지. 개념이 없어~ 개념이 말이지~ 아~ 신경쓰이네."

"암 그렇고 말고요."

"그렇지 그렇게 빨리 빨리 따라와야 진도가 나갈 것 아니냐. 아- 진도... 암 그렇고 말고."

"암 그렇고 말고요~님, 그 진도 말예요."

"네 이놈. 내 이름은 숲 속의 현자님이라고 말했잖아. 암,그렇고 말고. 금세 까먹고 그래도 되는 거냐? 개시부터… 참… 개시가 아니고… 시작부터? 암,그렇고 말고." "아- 존경하는 숲속의 현자님. 암, 그렇고 말고요."

"그렇지, 진도 나가는 소리가 착착 들리네. 암, 그렇고 말고.
진도 나간다. 암, 그렇고 말고…. 무릇 살아 있는 것들은 배우고
또 배워야 한단다. 암, 그렇고 말고."

하나는 질문합니다.

"제가 지금 고뇌하고 있고, 혼란 속에 빠져 있는 이유가 무엇인가요? 암,그렇고 말고요."

Ninoxmaupu는

"시간이 그것을 알게 할 것이고~ 암, 그렇고 말고." 라고만 간단히 툭 잘라서 말합니다.

하나는 또 질문합니다.

"제가 미로에 빠진 이유를 안다고 하셨잖아요. 그 이유가 뭔가요? 암, 그렇고 말고요."

Ninoxmaupu는

"바람이 너에게 가르쳐 줄 것이고~ 암, 그렇고 말고." 라고만 또 깔끔하게 말했습니다."

하나는 더 이상 물어보고 싶은 생각이 샤~ 없어졌습니다.

다음 질문을 하면 분명 '돌이 너에게 가르쳐 준다거나 구름을 감아보면 알게 될 것이다.' 정도의 답변 밖에는 안 돌아올 것 같았기 때문입니다.

하나가 좀 이해가 안가는 듯한 표정과 약간 불편한 얼굴을 번갈아 가며 너무 오래 하고 있자 Ninoxmaupu는

"너는 네가 누구인지, 왜 이 땅에 왔으며 무엇을 해야 하는지, 또 너는 인간 사람이 무엇인지, 도대체 어떻게 생긴 동물이기에 누구나 싫어하는지, 너무 너무 알고 싶어 하는구나.암 그렇고 말고."

"그런 형이상학적이면서도 형이하학적인 복잡다단한 문제는
보다 합리적이고
보편타당성 있는
미래 지향적 사고로
당면한 총체적 문제를
다각적으로 분석하여
실천 가능한 방안을
적정한 시간 테이블 그리고 상세 매뉴얼과 함께
도출해야 한단다."

"간단히 다시 말하면
POSDCORB에 입각하여 말이지.암 그렇고 말고."

하나는 무슨 말인지 하나도 알아들을 수가 없어서
고개를 갸우뚱거렸습니다.
더군다나 간단히 말한다고 해서 간단한 것 같기는 한데
포스가 코르브인가 뭔가 하는 데에서는 고개가 갸우뚱거리다가 다시 제자리로 돌아오고는 더욱 헛갈리게 되었지요.

말 복잡하게 어렵게 하는 이들
자기도 잘 모르고
남들 진정 아는 것도 두렵기에

* 진리는 복잡하지 않다

하나는 Ninoxmaupu가 앞에 만난 스승들보다 훨씬 세련된 말을 하는 것에 존경심이 일면서도, 자기가 무슨 말인지 잘못 알아들어 미안한 마음도 들었지만 용기를 내어 또 질문을 하게 됩니다.

"조금 아까요~ 배우고 또 배워야 한다고 그러셨잖아요~ 암, 그렇고 말고요. 그런데 그 다음에는요?"

"유명해져서 많은 사람들이 너를 알아보게 되고 험, 험, 암,그렇고 말고."

"유명해진 다음에는요?"

"야 이놈아- 암, 그렇고 말고요가 끝에 빠졌잖아-."

하나는 버럭 소리를 지르며 암, 그렇고 말고에 집착하는
Ninoxmaupu를 보고는 다른 어떤 것보다도
암, 그렇고 말고가 중요하구나 하고 생각하였습니다.

"아- 암 그렇고 말고요-."

그런데 야단치는 큰 소리를 듣고도 조용조용한 목소리로
'암, 그렇고 말고' 를 꼭 꼭 집어넣어가며 쉬지 않고 물어보는
하나의 끈질긴 질문에
말문이 막힌 Ninoxmaupu는 말을 바꿉니다.

"나를 따라 오너라. 내 연구실에 가보면 모든 것을 저절로 알게 된다. 암, 그렇고 말고."

하나는 Ninoxmaupu가 하늘을 날아서 가는 뒤를 헉헉 거리며 쫓아갑니다. 연구실 가는 길에는 작은 시냇물이 흐르고 있었는데 시냇물

가에는 둥근 돌은 둥근 돌끼리 둥글둥글, 모난 돌은 모난 돌끼리 삐딱삐딱하게 있었습니다.

네 주위에 삐딱한 이들이
많이 보인다 불평하는가

* 그게 바로 너다 3

어떻게 둥글게 되었겠느냐
왜 둥근 것끼리 있겠느냐

* 수도(修道)

Ninoxmaupu는 낮게 파도 모양처럼 오르락내리락 하며 부들부들 부드럽게 날아가 큰 집 앞에 도착하였습니다.

도착한 곳, 그 집은 '와아~' 높은 큰 문이 있는 큰 집이었지요.

그 집 문은 번쩍번쩍 잘 닦여 있었습니다. 그 문 앞에 다다라서 내 명령에 문 열리는 것을 잘 지켜보라며 Ninoxmaupu가 소리쳤습니다.

"열려라 지식의 문. 밝은 빛을 비추어라 지식의 문."

이라고 말했는데도 그 연구소라고 불리는 그 곳의 문이 조용~ 하게 아무 일도 안 일어나자 지켜보던 하나가 말했습니다.

"끝에 암, 그렇고 말고가 빠졌는데요."

"내참~ 이 놈아, 이 무식한 놈아 좀 기다려 보렴, 꼭 보면 말이야~ 무식한 것들이 서두른 단 말이야~ 암, 그렇고 말고." "암호 뒤에 지저분하게 붙이는 게 어디 있느냐. 암, 그렇고 말고."

하나는 무식한 놈이라는 말에 살짝 기분이 나빠졌으나, 놀라서 금세 나쁜 기분이 사라졌습니다.

하나는 그 암호를 듣고 문이 끼이익 소리를 내며 천천히 열리는 모습을 보고 놀란 것이 아니고, 그동안 그렇게 무엇보다도 중요하게 생각되었던 '암, 그렇고 말고' 가 지저분하다는 말을 듣고는 놀랐던 것이지요.

중요하다고 생각하던 것들이
중요하지 않음을 깨닫는 것

중요하지 않게 행동했던 것
소중함 진실되게 깨닫는 것

*** 행복의 첫 걸음**

Ninoxmaupu는 하나가 놀란 표정을 하는 것을 보고는
두 손을 뒷짐 지며 '흐음~' 흡족한 미소를 짓습니다.

연구소의 큰 문을 열고 걸어 들어가는 동안 양 옆 복도에는 온갖 상장, 훈장들이 서로 얼굴, 입술을 삐쭉 내밀고 있었지요. 그 얼굴의 표정은 한결 같이 눈을 깔고 아래를 내려다보고 있었습니다. 입 꼬리도 역시 아래를 향해 배배 꼬여 있었고요. 복도를 지나 얼마가지 않는 곳에 또 작은 문이 나타났습니다. 그 작은 문 위에는 멋있는 나무에 글자가 새겨져 있었지요.

'오늘 책 한 권 읽지 못한 자 한 끼 굶고
내일 책 두 권 읽지 못할 자 두 끼 굶고
모래 책 세 권 읽지 않을 자 차라리... '

하나는 그 나무의 글자를 보면서

'책이 무엇일까? 책은 참으로 중요하구나. 책은 먹는 것보다 중요하구나' 하는 생각을 하며 작은 문을 열고 들어가 보니 온갖 종이에 빽빽이 글씨가 박힌 책들이 잔뜩 책꽂이들에 꽂혀 있었습니다.

Ninoxmaupu가 그 같은 크기 종이 묶임 들이 책이라고 했기에, 하나는 그것들의 이름이 그렇게나 중요한 책이라는 것을 알았습니다. 그리고 연구소 정 가운데에는 금색 나는 책과 은색 나는 책들이 신기하게도 회오리 바람처럼 빙빙 돌며 돌아가고 있었습니다.

"이 많은 책들은 무엇인가요? 암, 그렇고 말고요."

"근데~ 생각해 보니, 네가 계속 끝에 붙이는 그 말이 문학적 견지로 볼 때 쫌 말이 잘 안 맞기는 하다. 암, 그렇고 말고.그래도 뭐~ 여기까지 왔는데 바꾸면 또 쫌 그렇지 암, 그렇고 말고."

"이 책들에는 이 세상이 담겨 있지.
이것을 모두 다 읽고 배워야 이 세상을 실수없이 자~알 살아 갈 수가 있단다. 암, 그렇고 말고."

태산 같은 책
티끌 깨달음

* 진리 앞에 서서

“이 많은 것을요? 암, 그렇고 말고요?”

“다시 생각해 보아도, 문견고 즉 문학적 견지 상 고찰을 해보면 문맥이 쪼~옴 계속 안 맞기는 하다만 그냥 규칙은 규칙으로서 반드시 지켜져야 하는 것이니 계속 나가자. 규칙은 절대로 바뀌면 안 되거든. 암, 그렇고 말고.”

하나는 연달아 Ninoxmaupu가 암, 그렇고 말고에 대하여 말을 하며 신경을 쓰기에 암, 그렇고 말고에 문제가 있긴 있는가 보다 했지요.

인간이 배워서 아는 것은 삶에 크게 도움이 안된다

인생에 진정 도움이 되는 것은
스스로 깨달아 느낀 것 뿐이다

*** 학제 수술대 오르다**

하나는 색이 노란 예쁜 책 하나를 가리키며 물어 봅니다.

“이 노란 책에는 무슨 내용이 들어 있나요? 암 그렇고 말고요?”

“흠… 아 그 책, 글쎄… 그게… 그건 네가 읽어 보면 알 것 아니냐. 암, 그렇고 말고.”

이번에는 묵직해 보이는 빨간 책 하나를 가리키며 또 물어 봅니다.

“그럼 이 책은요? 아주 멋있게 생긴 책이네요. 암, 그렇고 말고요.” “흠… 글쎄… 그게… 그건 네가 읽어 보면 알 것 아니냐. 암, 그렇고 말고.”

하나는 더 이상 물어 보았자 좋은 대답은커녕, 같은 대답만 나올 것 같고 하나도 암 그렇고 말고요에 지쳐 그냥 미소로 대답하기로 하였습니다.

Ninoxmaupu는 무슨 생각을 갑자기 했는지 이제부터는 하나에게 책상에 앉아 가르침을 받으라고 합니다. 하나는 그날부터 아침 해가 뜰 때부터 저녁 해가 질 때까지 혼자 딱딱한 의자에 앉아 책을 읽으며 배우고 또 배웁니다.

일 등 이 등 이렇게 가치를 매단다
십 등은 일 등보다 십 분지 일만큼 행복하다고
경쟁에서 지면 영원히 낙오하며 인생 패잔병되는 것이라고

아주 어릴 적부터 상처받아
평생을 죽 방황하며 살도록

*** 인성 말살 교육현장**

하나는 그렇게 딱딱한 의자에 앉아 딱딱한 책들을 딱딱한 기분으로 매일딱딱 읽게 됩니다. 그런 하나의 모습을 보다가 어느 날, Ninoxmaupu는 무슨 생각이 드디어 났다는 듯 힘주어 말합니다. “하나야 배우고 또 배워라. 그래서 유명해져야 할 것 아니냐. 그래야 무식한 생명들에게 빛을 보여 주고 말이다 나처럼. 암, 그렇고 말고.”

하나는 그렇게 여러 책을 보다가 화려한 색들로 표지가 장식되어 있는 동화책을 보게 되었습니다. 그 책들은 하나같이 요술이 등장하는 왕자와 공주 이야기 그리고 신데렐라 이야기들이었지요.

처음에는 너무도 재미있게 이야기를 읽다가 열 번째 책에서는 그만 책을 탁 놓아 버립니다. 그리고 스승을 찾아가 묻습니다.

"숲속의 현자 스승님이시여 묻고 싶은 것이 있습니다. 암, 그렇고 말고요."

" 왜 동화는 한결같이 이렇게 왕자와 공주 이야기, 신데렐라 이야기인가요? 다들 거기가 거기 더라구여. 암, 그렇고 말고요."

"흠....이제 네가 슬슬 깨닫기 시작하는구나 암, 그렇고 말고."

"저 인간, 사람들 세상은 서양과 동양으로 쪼개져 나뉘어져 있단다. 암, 그렇고 말고."

"그 중 서양에서는 인간들이 어려서부터 그런 빤따쥐(Fantasy)로 교육을 시작한단다. 나 발음 좋지? 역시 쥐는 빤따쥐가 제일이지. 미키마우스가 바로 빤따쥐의 조상이란다. 미니 마우스는 빤따쥐의 착한 계모면서 생의 비밀을 알고 있는 유일한 쥐고… 암, 그렇고 말고. 어디까지 이야기 했지? 요즘 내가 옛날 같지 않네.험~ 아~ 그렇지. 쥐~. 현실하고는 전혀 안 맞는 이야기들이지. 왕자나 공주 신데렐라 산타 크로스 같은 것들 말이야. 암, 그렇고 말고."

"환상 속에서 일약 신분 상승을 이루는 꿈을 갖고 욕심을 키우는 교육을 어렸을 때부터 쭈우욱 받게 되지. 생각해 보렴. 어린 마음의 깊은 곳에 허황됨의 씨앗을 뿌리게 되니… 그 결과는 뻔한 것 아니겠느냐. 평생을 신분상승을 위해~ 적극적 사고방식이 어쩌구~ 탐욕을 키우고 또 키우지~ 상위 백분지 일의 성공 자를 앞에 내세워 뒤에서는 아흔 아홉의 등을 채찍질하지~ 암, 그렇고 말고."

"확실히 너는 현명하구나. 고작 열 권을 읽고서 동화를 분석하고 그것을 비판할 정도가 되다니. 암, 그렇고 말고."

"동양은 다르단다. 살아가는 것의 실체를 어려서부터 이야기하지…. 자연을 이해하도록 교육 시키면서 말이란다. 암, 그렇고 말고. 그랬었는데 지금은 그렇지도 않단다. 암, 그렇고 말고. 확실히 쭈~우~욱~하는 뭔가가 있어야 하는데 말이지. 동양이 자기 것을 버리고 무조건 서양을 쫓아 갔던데서 문제가 발생했지. 암, 그렇고 말고."

어학 가르쳐서 진정한 마음 전달 못하게 되고
수학 가르쳐서 모든 것 숫자로 판단하게 되며
과학 가르쳐서 우주의 질서 모르게 되었으며
음악 가르쳐서 자연 장엄함 소리 못 듣게 되고
정치 가르쳐서 항상 협잡하는 일에 골몰 하고
경영 가르쳐서 남 착취 거품 푸는데 전념하며
공업 가르쳐서 기계가 인간 지배하도록 만들고
농업 가르쳐서 농약산업 발전에 이바지하며
의학 가르쳐서 세상 고치지 못할 병 늘어난다

* 학교 가는 기막힌 이유

그리고 Ninoxmaupu는 책을 많이 읽으라고 가르침을 펴는 것 이외에도 항상 깨끗해야 한다고 하나에게 누누이 이야기합니다. 하나는 스승이 이야기한 대로 몸도 항상 깨끗이 하고 특히 마음이 깨끗해야 한다는 가르침에 따라, 마음이 멀리 떠나갔었더라도, '슬플 때는 꼭 다시 찾아오는 곳' 이라는 가슴에 항상 손을 얹고 다니게 되었지요.

그런 시간이 제법 오랫동안 지속되던, 바람이 몹시 부는 어느 날이었습니다. 가을 낙엽이 유난히 많이 떨어지던 날이었지요.

하나는 공부를 마치고 나오다가 연구소에서 멀리 떨어져 있는 조그만 방에 불이 켜져 있어, 누가 쓰는 방인가 궁금하여 들여다보았는데 그 방안에서 Ninoxmaupu가 웃옷을 벗는 모습을 살짝 보게 되었습니다. Ninoxmaupu는 검고 하얀 바탕에 잘 어우러진 짙은 노란색의 옷을 항상 잘 입고 날아 다녔거든요. 하지만, Ninoxmaupu의 살짝 보인 속옷은 한 번도 안 빨았는지, 까만 기름까지 낀 더러운 때에 찌들어 있었고요. 여기저기가 다 찢어져 있어서 너덜거리기 까지 했습니다. 조금 뒤였습니다. 하나는 Ninoxmaupu가 그 더러운 옷을 입고 무엇을 먹는 것을 처음 보게 됩니다. 발이 수없이도 많은 이상한 죽은 동물 같았습니다. 그 더러운 동물고기를 뒤돌아서 아작 아작 소리를 내어가며 뜯어 먹는 모습을, 조금 열린 방을 통해 본 하나는 그만 슬슬 뒷걸음 치고 말았습니다.

'겉하고 속하고 다른 스승'

하나는 놀랐습니다. 자기가 잘못 보았겠지 하면서 말이지요. 그 다음날 그 장소에 다시 가 보았지만 그 조그만 방은 문이 꼭 잠겨 있었습니다. 스승을 볼 수 없었지요. 하나는 그 다음 날도 또 그 다음 날도 그 장소에 숨어서 계속 스승을 지켜봅니다. 방은 계속 잠겨 있어서 역시 스승을 볼 수가 없었습니다. 그러던 어느 날 하나는 자기가 본 그 놀라운 광경을 살짝 열린 문틈으로 또 보게 됩니다.

사실이었습니다. 낮과 밤의 행동이 전혀 다른 스승

하나는 너무 낙담을 하게 됩니다. 하나가 본 책들 중에 지킬 박사와 하이드 생각이 났기 때문이었습니다.

하나는 이 장면을 쳐다보며 안절부절못하다가 문에 기대게 되는데 그 바람에 문이 화들짝 하고 열리게 됩니다. 하나는 열리며 떨리는 문만큼이나 비틀거리며 얼떨결에 "스승님." 하고 큰 소리를 내게 되었지요. 그 소리가 너무 단호하고 커서 Ninoxmaupu는 '허걱' 하고 많이 놀라게 됩니다. 그리고는 그 당황스러운 장소에서 우선 벗어나고 싶어 생각 없이 집을 급하게 나와 숲 속을 높게 날아갑니다.

Ninoxmaupu는 낙엽이 심하게 날리는 하늘을 그렇게 빨리 날아 가다가 떨어지는 낙엽에 잠시 눈앞이 전혀 안보여 큰 나무에 부딪혀 두 날개가 투둑 꺾이는 심한 부상을 입게 됩니다. 하나는 마음이 너무 아팠습니다. 스승이 크게 다친 것도 그랬지만 그 다친 것이 자기 실수 때문이었기에 괴롭기 한이 없었지요. 하나는 Ninoxmaupu곁에서 한 발자국도 떠나지 않고 Ninoxmaupu의 상처를 돌보아 줍니다.

Ninoxmaupu는 "하나야, 너무 미안해 하지 마라.

사실은 어차피 내가 늙어 죽을 때가 되었었거든."

하나는 Ninoxmaupu가 말을 하며 끝에 암, 그렇고 말고를 붙이지 않는 것을 보고 또 놀랍니다. 그리고 하나도 암, 그렇고 말고요를 더 이상 붙이지 않았습니다.

"하나야 너는 지금 나에게 이렇게 묻고 싶지? 왜 겉하고 속하고 다르셨나요? 왜 속옷은 그랬고 왜 더러운 것을 먹고…. 그렇지?"

그때서야 하나는 울먹입니다.

"왜 그러셨어요? 그것은 나쁜 일 아닌가요?"

하나는 울면서도 몹시 다친 스승의 말에 힘을 얻어 그때서야 원망을 해 봅니다. 그 때였습니다.

Ninoxmaupu의 목소리가 갑자기 가늘어지며 잘 안 들리는 것이었습니다. Ninoxmaupu는 숨을 몰아쉬며 놀랍게도 얼마 살지 못할 것을 예고합니다. 그렇게나 오래 살려고 노력하였는데 결국은 이루지 못했다는 말을 힘들게 이었습니다. 힘이 들어 하면서도 하나에게 전하고 싶어 하는… 마음속에 품어 온 말이 많은 듯 하였습니다.

"하나야, 나의 제자야, 너무 나를 원망하지는 마라. 이제는 솔직하게 말하고 싶구나. 이제 와서 생각해보니 나는 겉하고 속하고 다른 동물에 지나지 않았었구나. 무척이나 노력 했었지. 앞에 나서려고 말이야. 열심히 앞에 나서니깐 유명해 지더군. 남들이 모두 나를 알아보기 시작했어. 나도 처음에는 그것을 즐겼었지. 그런데 어느 순간부터 남들이 내가 어떤 모습이어야 한다고 나를 만들어 가기 시작했어.

그러나 어느 순간 회복되지 않는 피로감이 엄습을 하면서, 모든 것이 허무하다는 것을 뼈저리게 느끼게 되었단다. 나 하나도 스스로 떳떳하지 못한 이가 남 앞에 나서서 이래라 저래라 하는 것이 두렵기 시작했어. 만나지지 않는 현실과 이상의 깊은 계곡을 헤매며 괴로웠었지. 낮에는 언제나 남들 앞에 그럴듯한 모습으로 나서고 밤에는 그 반대 모습이 되는 내가 정말 짜증나고 저주스러웠었단다. 한순간도 자유로운 적이 없었어. 그 기분은 정말 더러운 기분이더구나. 언젠가부터는 나날이 찌들어 오는 나의 때 낀 모습이 더욱 싫어 더욱 깨끗한 척 하게 되었지. 그러면서 점점 더욱 더러운 것을 혐오하게 되는 악 순환 속에서 말까지 더듬게 되고 생각도 중간 중간 끊어지어 눈도 잘 안 보이게 되었단다. 그래서 이런 사고도 당하게 된 것이란다."

속이 더럽기에
더욱 깨끗한 척

* 그게 그런 것이었답니다

Ninoxmaupu는 갑자기 인간이야기를 합니다. "하나야, 저기 저 인간들은 누구나 한결같이 나보다 더 하단다. 겉 얼굴은 하나인데 그 속은 모두 두 개의 얼굴을 하고, 모두들 깨끗한 척 하며 살아가는 아주 더럽기만 한 동물들이지." " 자기가 더러울수록 남의 지극히 작은 더러운 꼴을 못 참아 주는 완전 비호감이란다."

" 아주 오랫동안 배우고 또 배우고 그래도, 자기들이 누구인지, 무엇을 하고 있는지, 어디로 가는지를 모르는…. 정말 기본적인 것도 모르는 매우 어리석은 동물이기도 하고…. 그런데 자기네들이 제일 영리하여 이 세상을 지배하고 있다고 착각하며 살아가고 있단다."

Ninoxmaupu는 힘들어 하면서도 말을 계속 꾸준하게 이어 나갑니다.

"하나야 떠나거라. 떠나고 또 떠나거라. 이것을 받아라. 이것이 너에게 어디로 갈지를 가르쳐 줄 것이다."

하나는 Ninoxmaupu로부터 오래되고, 값어치가 제법 나갈 것 같이 생긴, 반짝거리는 나침반을 건네 받습니다.

행복 가리킨다며 불행 가리키는
안 그렇게 보이지만 고장나 덜렁거리는
그럴싸해서 믿지만 엉뚱 방향 가리키는
그래도 가끔 아주 가끔 우연의 일치처럼
잠시 제대로 방향 가리키다가 이내 다시 하던 대로

*** 너희 들 아는 인생 나침반이라는 것이**

"이제 죽을 때서야 생각해 보니, 후회 막심하게도 나는 그동안 바보같이 살아온 것 같구나. 바보~ 바보야~ 크흐흑~."

왜 꼭 숨 쉬기 힘들어 질 때서야
후회 속 조금은 알게 되는 것일까
조금만 더 일찍 안 되는 것일까

*** 한결 같은 의문**

죽을 때가 되어서야 진실을 밝히는 Ninoxmaupu는 힘들어 하면서, 이밖에도 많은 이야기를 하였습니다.

“안다는 것은 이해하던 안 이해하던 그저 외우고 있다는 것 아닐까? 나는 죽은 활자 속에서 알지도 못하면서 아는 척을 한 것은 아닐까? 그렇게나 많은 책을 그다지도 많은 시간동안 읽고도 아무것도 모르는 나는 그동안 무엇이었을까? 책으로 보낸 시간은 또 무엇 이고…

사실… 저렇게 많은 책을 읽어 기억나는 것도 별로 없고, 배운 것도 없으며, 깨달은 것은 더더구나 없단다. 그냥 나무 훼손이나 시켰다고 하겠지. 저 많은 책을 만들기 위해 얼마나 많은 나무들이 없애졌겠니? 차라리 나무나 나무나….”

그러면서 미련이 가시지 않은 듯, 한이 꼬이고 꼬인 듯, 했던 말을 다시 한 번 하며 간신히 말을 잇습니다.

“ 내가 평생 쫒아 다녔던 유명해 진다라는 것은 내가 자유롭게 되지 못한다는 것이었단다. 내가 내 스스로 알지 못하면서 남을 가르치려 들었고, 내 스스로 깨끗하지 못하며 남보고 깨끗하라고 말했단다. 내가 그렇지 못한 것이 더욱 괴로워 더욱 힘주어 말하여 나는 더욱 유명해지고 그것이 결국은 나의 생명을 갉아 먹었다는 것을 이제야 느끼게 되었단다. 오래 살려고 했었는데… ”

“너무 슬퍼하지 말아라. 하나야. 사고가 나긴 했지만… 사실은 말 한데로 살만큼 살고 갈 때가 되었으니 가는 것이란다. 그런데 나보다 오래오래 사는 것들이 있지.”

한결같이 어리석은 인간들에 대해 이야기했던 하나의 스승들이 모두 쉽게 죽어 가는 것을 본 하나는 오래오래 산다는 말에 귀가 번쩍 뜨이며 눈이 동그랗게 됩니다.

‘오래 산다니… 아주 오래…’

하나는 ‘오래 산다.’ 라는 말이 가슴에 깊이 들어오면서 전율되는 것을 느낍니다. 왜냐하면 죽으면 모두 없어지기 때문이었지요. 하나는 스승이 죽으면 자기 곁에 없을 것이고 자기는 다시 혼자가 된다는 것에 몸이 서서히 차가워집니다.

스승은 북쪽을 힘겹게 손으로 가리키며 말을 억지로 합니다.

"하나야 앞으로는 네가 있는 곳에서 정착하지 말고 끊임없이 떠나거라. 북으로 가다가 바다에 이르면 오래 오래 사는 바위 같은 생물을 만날 것이다. 이 생물들은 '빙산의 일각' 비밀을 아는 선지자라고 알고 있다. 빙산을 떠도는 그 생물을 찾아 떠나거라. 나는 아직 한 번도 보지 못했지. 그야말로 너무너무 추워 모든 생물들이 하나 둘 모두 죽었던 적이 있었다고 들었단다. 그 때 그 추위를 이기고 이 빙산을 돌며 살아남아 더 오래 살게 된 바위…." 하며 말을 못 있는 Ninoxmaupu는 피를 커컥 하며 토하고 맙니다. 그런데도, 하나의 만류에도 불구하고 Ninoxmaupu는 말을 힘들게 계속합니다.

"하나야, 컥… 컥…"

"하나야… 그 비-잉-산은 내가 알기로는 바다 위로 십 분지 일만 올라와 있다는 구나."

"십 분지 일요? 그럼… 나머지는 어디 갔나요?"

"응… 나머지는 물에 잠기어 있다는 것이지…."

"물에 뜬 십 분지 일은 당연히 본 모습이 아니란다. 위는 작고 예뻐 보여도 아래는 크고 무섭게 생긴 것이 자리 잡고 있단다. 당연히, 아래 부분이 본 모습이 되지 않겠니…"

"모든 생명들의 상징이란다. 자기네들 그리고 다른 것들의 모습, 십 분지 일 겉모습만 보고….아주 일부분만 보고…. 그 전체를 모르니… 모든 실수가 그곳에서 나온단다. 컥….바다 위에 떠 있는 얼음산 그 비-이-이-잉-산을 찾아 떠-어어어…."

Ninoxmaupu는 더 이상 고통을 참기 어려웠나 봅니다.

'동물에게 살아 있는 것보다 더 중요한 것은 없다' 는 유언을 힘들게 하고, 마지막 숨을 내쉬었습니다.

생명을 잃으면 무슨 소용이 있겠느냐 라는
말보다 더 중요한 가르침이 어디 있겠느냐

* 어디에 우선을 두어야 하나 하면

Ninoxmaupu의 몸은 금세 차갑게 되어 가고 그 차가움은 바로 하나에게 전달되어 하나의 몸과 마음을 싸늘하게 얼음으로 만들었습니다.

하나는 너무 실망하였습니다. 비록 큰 부상이긴 했지만 항상 당당했던 모습대로, 부상을 잘 극복하고 일어나리라고 생각한 스승이 그만 허무하게 죽어 버리고 말았기 때문입니다. 오래오래 잘 살려고 공부를 한 스승님이 그렇게 한낱 나무에 부딪혀 우습게 세상을 떠나 버리자 하나는 절망하게 됩니다.

가까운 주검 보며 무엇 느끼는가
이럴 수가
허무하다
절망스럽다
안타까움
이 사람 없이 어쩌지
이런 감정들 섞이며 울컥

그 통곡도 며칠 못가고 모두에게 곧 잊혀질 이 시간

갑작스럽게 다가올
내 주검 보고 나의 가까운 사람들도

* 집착할 것은 하나도

하나는 스승을 땅에 묻고 비석을 세웁니다.
비석에는 이렇게 글을 적어 넣었습니다.

평생 거짓 '가짜 나' 로 살아가는 모든 이들 앞
적어도 죽기 전 '진짜 나' 로 돌아와 정직 했던
좋은 분 이제 여기 영원한 평온 안식을 구하다. 라고

주위는 모든 것이 온통 얼어붙는 겨울이 이미 되어 있었습니다. 하나는 얼음처럼 몸도 마음도 하얗게 얼어붙어 길을 떠나게 됩니다. 그동안 같이 지내온 스승들의 모습을 삼분의 일씩 닮은 얼음 모습으로 변해가며 길을 떠납니다. 빙산의 바위 동물을 찾아서….

찬바람을 안고 길을 가는 하나의 몸은 얼을 데로 얼어붙어 어디에 살짝이라도 부딪히면 몸이 쨍그랑 산산 조각으로 깨질 것 같은 모습이 되고 말았지요.

겨울바람에는 가시가 있다
아무리 피해도 쫓아와 박히는
하얀 가시가

박히면 절대 빠지지 않는
하얀 가시에 매섭게 찔리면
하얀 피가

*** 겨울에는 모든 것이**

그렇게 길을 가다가 거의 실신해서 쓰러질 즈음에 여러 갈래 길을 만나게 됩니다. 하나는 그 길들 앞에서 얼을 데로 얼어 붙은 한쪽 눈만을 간신히 억지로 뜨며 곰곰이 생각에 잠깁니다. 이정표가 있었던 곳인지 길들 앞에는 얼음으로 뒤덮인 기둥이 하나 있었습니다. 아마도 이정표들은 이미 매서운 바람에 날아가 버린 것 같았지요.

Ninoxmaupu 스승이 준 나침반은 추위 앞에 이미 얼어서 깨어진 채로 눈금은 아무데나 가리키며 마구 돌아다니고 있었습니다.

너 스스로 만든 소리에 귀를 기울이고
너 스스로 본 사실에 마음을 물들이고
너 스스로 느낀 진리에만 두 손 모으고

*** 믿을 것은**

하나는 나침반을 버리고 이제부터는 스스로 길을 깨우쳐 가야 한다고 생각합니다.

그리고는 이내…

여러 길 중에 아무도 지나가지 않았을 것 같은, 어떤 발자국도 안 난 길을 선택하여 길을 걸어갑니다. 어떤 날은 달도 뜨질 않아서 추운 길이 더 추워 보였고 겁도 많이 났지만… 추울수록 빙산이 점점 가깝지 않을까 생각하며 한없이 걷기만 합니다.

그러던 어느 날이었지요.

며칠이나 걸었는지 기억도 나지 않는 그런 날이었습니다.

비릿비릿한 냄새가 나기 시작했습니다. 하나는 무슨 냄새일까 궁금하였지요. 빈틈없이 깜깜한 밤이었지만 그의 앞에 큰 바다가 나타난 것을 보고는 금세 그것이 바다 냄새라는 것을 알게 되었습니다.

비릿비릿 세상 비린 맛
짜리짜리 인간들 짠 맛

모두 받아 주느라

*** 바닷물 맛**

하나는 그 바다를 보며 바닷가를 걷고 또 걸었습니다. '얼마나 더 걸어야 한단 말인가' 하면서 지칠 대로 지쳐 그 자리에 주저앉았을 때, 기진맥진하여 더 이상 움직일 수가 없을 때…

바로 그때
얼음 산.

Ninoxmaupu 스승이 이야기 한 그 빙산 이었습니다.

하나는 하얀 빙산을 보며 소리칩니다.
"아- 빙산이다 빙산. 일부만 보인다는 빙산-."

하나는 그 쪽으로 한숨에 달려가 스승이 말한 모습의 빙산을 자세히 보고 싶어 물속에 얼굴을 텀벙 집어넣고 물속을 들여다봅니다.

물이 너무 깨끗하여서 빙산의 아래 밑까지 잘 볼 수가 있었지요. Ninoxmaupu 말대로 빙산의 위는 작은 부분에 지나지 않았고 아마도 십분지 구 정도가 물에 잠겨 있는 것 같았습니다.

하나가 찬 물속에서 머리를 담갔다가 머리를 들어 올리는 순간이었습니다. 그 빙산 사이로 멀리서부터 하얀 물체들이 오물조물거리며 다가오는 것이 보였지요.

그 하얀 물체들을 간신히 쳐다보며 하나는 이제 너무 지쳐 기절하고 말았습니다. 아마도 추위에 너무 오래 긴장하였다가 찾고자 하였던 것을 찾아서 긴장이 풀어져 기절한 것 같았지요.

얼마나 지났을까…

깨어나 보니 하나 근처에 하얀 바위들…. 바로 하나가 찾아 온 그 생명체들이 가까이 와 있는 것처럼 보였습니다. 하나는 그때 정신이 들어 얼었던 입을 억지로 열어 말을 겁니다.

"안녕하세요. 저는 하나라고 합니다." "저의 스승님이 바위 생명체를 찾아 뵙고 진리를 찾으라고 해서 멀리서 이렇게 힘들게 찾아 왔답니다."

그 말이 떨어지자마자 그 많던 하얀 바위들은 금세 바닷물 거품으로 사라지며, 그 사이에 있던 초록색 바위 하나만 남게 되었습니다.

그대 거품 속 있는 것
그 거품들은 무엇이고
어떻게 벗어나야 되고

*** 이런 것들을 알고 계시나요**

내 겉모습
네 외모도
십분지 일

그것으로 나는 사랑을
너는 그것만으로 미움을
그제도 어제도 오늘도 내일도

우리 모두 그렇게 맥박 없는 얼음으로

* 우리는 빙산의 일각

TurtLehose

초록색 바위는 근사한 미소를 띠고 거의 안 들릴 듯한 목소리로 천천히 말을 하기 시작하였습니다.

하나는 그 초록색 바위가 말을 너무 어눌하게 하고 목소리도 가물

가물하여 건강상에 무슨 문제가 있는 것이 아닌가 하고 생각할 정도였지요.

"그래 하나라고 했지? 나는 TurtLehose 라고 한단다."

"그러세요? 참 반갑습니다. 감사합니다. 감사합니다. 감사합니다."

하나는 자기 입으로 몇 번이나 이 감사합니다를 했는지 기억을 못합니다. 이 외의 다른 말은 할 수가 없었지요.

그러다가 정신을 차려

"TurtLehose 님, 빙산의 일각으로부터 오신 것을 보았는데요."

"그렇단다. 나는 그 빙산에서부터 내려와 그 빙산을 잊을 만하면 다시 올라가 빙산을 느끼고 또 빙산을 떠나고 그 빙산을 잊을 만하면 또 다시 그리고 또 빙산…"

하나는 그 말을 듣다가 무슨 말인지 못 알아들어 TurtLehose 를 그냥 넋을 놓고 쳐다만 봅니다.

TurtLehose는

"빙산은 빙산일 따름…."

"빙산은 빙산이기 때문에 빙산이고."

"빙산은 빙산을 잘 모를 따름…."

이렇게 이해가 아리송한 이야기만 하였습니다.

하나는 일주일이나 TurtLehose 곁을 따라 다니며 여러 말을 물어보았지만 하나에게 돌아오는 대답은 다 거기가 거기인

"빙산은 빙산일 따름…."
정도였습니다.

왜 추운 겨울은 오나요 라고 질문을 하면,
'겨울은 겨울일 따름' 이라고 답해주는 식이었지요.

그러면 그럴수록 하나는 계속 질문을 합니다.
하나는 한번 알고 싶어 하는 것에 대하여 답을 얻기 전에는 절대로 물러서지 않겠다고 마음을 단단히 먹습니다. 게다가 하나는 오기까지 나서, 그 동안 알고 싶어 했던 어려운 질문들을 점점 더 열심히 하게 됩니다. 그러나 그때마다 돌아오는 대답은 대개가 침묵이었고, 하나가 너무 힘들어 하는 눈치가 보이면 가끔 응답을 하여 주었는데, 그것은 하나의 질문 끝에 "~일 따름~" 하는 것이 고작이었습니다.

하나는 이제 자기가 한 질문들을 자기 스스로에게 하게 된답니다. 그러다가 하나가 한 그 많은 질문들의 대부분은 결국 쓸데없는 질문임을 스스로 느끼게 됩니다.

네가 하루 종일 하는 말 중
정말 필요한 말이 몇이더냐

네가 그제 어제 오늘 내일
쓰는 마음들은 또 어떠하냐

* 그것을 모르고 산다는 것은

그리고는 그 수많은 질문들이 하나 마음속에서 스스로 세 가지로 정리 되며 이 세 가지의 질문만을 자기 자신에게 끊임없이 합니다. 그러면서 TurtLehose에게도 같은 질문을 끈기 있게 하였지요.

"나는 어디서 온 누구입니까?"
"나는 왜 살아갑니까?"
"나는 어디로 가야 합니까?"

하나는 이 세 질문을 TurtLehose가 일어나기 전
바로 앞에 앉아 있다가 물었고
하루 종일 따라다니며 물었으며
또 TurtLehose가 잠이 드는 곁에서도 똑 같은 세 질문을 하면서
매일매일을 지냅니다.

"제가 답을 얻으려고 얼마나 마음 졸이며 여기까지 힘들게 왔는지 아시나요? 목숨을 걸고 여기까지 왔다고요."

하나가 이미 TurtLehose의 모습을 닮아가며 수염이 초록색으로 나는 어느 날… 드디어 TurtLehose 스승이 그 '~일 따름' 이라는 말을 빼고 입을 엽니다.

"하나야."
"예, 스승님."

TurtLehose의 말투가 갑자기 변합니다.
"왜 이러서유~."

“스승은 무신 스으응~ 다 스스로 여유~ 거꾸러 여유~ 거꾸로~ 알 갓는 감유~? ” 하나는 “엉? 외래어?”

하나는 변신의 귀재입니다. 잘못 알아듣는 말을 금세 극복하며 스승과 비슷한 말투를 섞어 대꾸합니다.

“ 아~ 그렇구먼유~ 그렇게 하문 되는감유~. 거꾸로 말여유~ 그래도 그냥 스스로 거꾸로 그렇게만, 말 하지 마시고~ 쫌 자세히 설명해주면 안 되겠는 감유~.

TurtLehose는

“괜찮응교? 답답했재? 다 그렁기다 삶이랑게 말이다 내사마 이제 너에게 쪼까 한수 할까 한데이~. 알근나~.”

갑자기 존댓말이 반말로 격상을, 아니 격하를 하였지만 하나는 말해주는 것만도 고마워서 고개를 스승 앞에 다소곳하게 합니다.

TurtLehose는 깊은 미소를 금세 띠우며 이번에는 넓고도 넓은 바다를 힘들게 헤엄쳐온 다른 외국어를 구사합니다.

" What were your questions?"

하나는 Ninoxmaupu에게서 공부한 것을 이때 써 먹는구나 하며 금세 대답합니다.

"My questions were…"

"Who am I ? Why do I live ? Where am I going to?"

TurtLehose는 얼른 소뿔에 받힌 것 같은 다른 언어를 씁니다.

"Quien soy? Por que vivo? A donde voy?"

하나가 못 알아듣는 것을 알아차리자. TurtLehose는

“하나야, 이렇게 못알아 듣는단다.”

“다른 언어는 물론이고 같은 언어를 바로 곁에서 쓰고 있어도 서로 못알아 듣는단다.”

시간 얻으려 골몰하고
시간 단축하려 빨리 빨리하고
시간이 돈이라며 머리 풀고 다닐수록

줄어든다
사라진다
시간은

서로 알려고 곁에 두고
그렇게나 많은 말 건네고
그다지도 많은 말들 내게 건너와도

모른다
잘 모른다

그대를
나를

* 기가 막힌 현실

하나는 맞는 가르침이라고 생각합니다. 그동안 만난 스승 그리고 친구들과 같은 언어로 그렇게나 말을 많이 나누었지만 그들을 잘 알 수가 없던 경험이 떠올랐습니다. 물론 자기 자신도 자기 스스로를 어떤지 잘 모르는 것은 물론이었고요.

하나는 그때서야 '이 분이야 말로 진정한 스승이구나.' 하는 것을 느끼게 됩니다. 그 느낌은 TurtLehose 에게 그대로 전달되었지요. 그래서 TurtLehose는 하나의 마음속이 활짝 열리는 것을 봅니다. 그리고는 하나에게 매일 하나씩 가르침을 주기로 하였습니다.

“나는 누구인가…. 나 자신도 아직까지 매년 빙상의 밑을 보며 나의 모든 부분을 보려고 노력한단다.”

이런 말로 첫째 날은 지나갔습니다.

둘째 날이었습니다.

아무 말이 없었지요. 하나도 첫째 날 가르침이 너무 무거워서인지 아무것도 묻지 않았습니다.

셋째 날 TurtLehose가 먼저 말을 합니다.

“하나야, 왜 사느냐고? 그리고 어디로 가느냐고?

그 대답을 얻으려고 멀리 힘들게 왔다고 했지?

너는 나한테 궁금한 것이 하나 더 있단다. 몇 년을 살았느냐고….

오래 사는 나를 찾아와서 그것은 안 묻다니….”

하나는 스승이 자기의 마음속을 읽는 것을 느낍니다.

“하나야, 시간은 원래 없는 것이란다. 그것은 쪼갤 수도 없고, 잴 수도 없는 것이란다. 그것을 재는 순간 이미 시간이 아니지…. 시간은 현재 바로 네가 나하고 있는 이 순간만 있을 뿐.”

과거의 기억에 있을 때
미래로 달려 가 있을 때
너는 이미 네가 아니다

네가 과거와 미래에 있을 때
네 생명 타 들어가 줄어들게

*** 시간의 비밀 3**

“하나야 시간을 더디게 가게 하고 싶으면 지금 나와 함께 있는 시간에 몰입하렴. 그러면 너는 시간이라는 딱딱하기만 돌 속에서 지금 행복을 캐낼 수가 있단다."

하나는 그때 정신 속으로 섬광이 번쩍 들며 깨닫습니다.

'그렇구나. 지金'

바로 질문을 합니다.
"지금 둘째 셋째 대답을 안 하시고 다른 말씀을 하시는 이유는 무엇인가요?"

TurtLehose는 아무 대답도 하지 않았습니다.

하나는 갑자기 또 스스로 느꼈습니다. ' 무엇보다도 이것이 먼저 해결 되어야 하는 문제' 라는 것을 말이지요.

과거는 그냥 기억이고
미래는 그냥 환상이고

*** 지金 2**

다른 스승과 친구와 있을 때는 그렇게나 하루가 짧았습니다.

그러나 TurtLehose 와 있을 때는 너무나도 하루가 길기만 한 것이었습니다. 시간의 비밀을 알아 가는 것 같기도 하였지요.

TurtLehose는 말합니다.

"시간이 바로 현재라는 것을 안다면 현재지금 이곳에만 존재하는 소중한 것들을 알아보게 되지.

'사랑, 평화, 기쁨.'

그것을 안다면 미래로 과거로 휘둘렸던 생활에서

불행의 굴레에서 빠져 나오지 못하던 습관에서

거꾸로 바로 현재로."

하나는 스승이 이야기한 행복… 거꾸로… 라는 말에 집중을 하게 됩니다. 그러나 얼마 못가, 자기도 모르게 금세 생각은 과거로 돌아가고 말았습니다. 친구들, 스승들 주검에 대한 생각이 갑자기 스치는 것이었지요.

그때였습니다.

하늘에서 갑자기 바람이 세차게 불며 주먹만 한 얼음조각들이 쏟아지기 시작했습니다. 소리도 무섭게 엄청났고 크기도 커서 그것에 맞으면 죽을 수도 있다는 공포감에 하나는 겁을 덜컥 먹게 되었습니다. TurtLehose는 이런 상황이 갑자기 닥쳤는데도 놀랍게도 아무렇지도 않은 듯이 말을 계속 이어 나갑니다.

"하나야 너의 마음이 흔들리고 있다. 너의 마음속에 무거운 돌들이 날아다니고 있구나. 하늘에서 돌이 떨어져도 너의 마음에 가시 돋친 바람 한 점 없으면 그 돌은 그냥 낙엽일 뿐."

그렇게 말하며, TurtLehose는 다른 이야기도 곁들입니다.

"너의 마음속에 작은 영사기 한 대가 들어가 있다.

그 영사기가 끊임없이 너의 아픈 과거를 틀어 주고 있지.

그제도 어제도

그리고 오늘 밤 꿈속에서까지.

내일도 모래도 틀어 주겠지…. 계속 해서…."

먼지 앉지도 않는 영사기를 부숴버리자
머릿속 질기게 깔려있는 미로 속에 있는
헤벌려진 상처들만을 찍어 상영해 주는

영사기를 태워 버리자
드르륵 돌아갈 때마다
내 세포 까맣게 태우는

* 원수 1

사람들 머릿속 작은 영사기 하나 있다

그 영사기 과거 아픈 기억들 주로 틀어 주고 또 틀어 준다
가끔 예고편도 해 주는데 이 예고편은
실현 가능성 없는 걱정이나 기대를 보여주고 또 보여주며
절대로 현재에 있지 못하게 한다
그러니 지금 바로 이곳에서만 새근새근 숨 쉬고 있는
행복 기쁨 평화가 깃털처럼 깃들겠는가

그 웬수 덩어리
영사기에는 채널이 두 개가 있다
자동과 수동

자동에 놓아두면 이것이 과거와 미래 필름만 재방송해 준다
소리를 드르륵 내가며 또 틀어주고 또 틀어주고
수동에 놓아두면 내가 조정을 할 수가 있기는 한데
문제는
내가 그 채널 자동에 있는지 수동에 있는지를 느끼지 못하는데 있다

* 원수 2

그 말이 끝나기가 무섭게 하늘에서 떨어지던 얼음 조각들은 금세 멈추었고 땅 위에 떨어졌던 얼음들도 사라지고 맙니다.

그런 후, 그렇게 말을 아끼던 스승이 셋째 날에 모든 말을 끝내려나 할 정도로 한 번도 쉬지 않고 계속 이야기합니다.

"삶,
삶에 가장 충실한 방법은
지금 이곳에서
일어나고 있는
기쁨도, 슬픔도, 고통도 똑바로 쳐다보면서
그 기쁨을, 슬픔을, 고통을 먼저 간을 쓰윽 본 다음에
서서히 맛을 깊게 느껴 가는 것이지.
아주 천언 천언히 말이지.
그러면 삶이 아주 진지해지지.
진실하게 되고, 거짓의 모습에서 벗어나게 되지.
그러면, 시간이 거기서 정지하게 된단다.
하루가 그렇게 길고 신중하여지게 되지.

백년을 살며 휘익 하고 살면 무엇하나.
십년을 백년같이 오래 오래 사는 비결이 바로 이것이란다.
간을 보아가며 맛을 서서히 느끼며 사는 거야.

음식을 먹을 때도
누구를 만날 때도
일을 할 때도
놀고 있을 때도

그렇게 되려면, 그전에 무엇보다도 먼저
숨을 천천히 쉬어야 한단다.

숨을 천천히 쉬면 네 주위의 시간이 천천히 가기 시작하며 그 시간에 둥둥 떠다니는 너와 너의 주위의 것들이 보이기 시작한단다. 그동안 네가 보지 못했던 것들이 말이지.

바로 거기에서 시작하는 것이란다.
숨이 거칠면 네 주위의 시간이 빨리 빨리 거칠게 가고
빠르게 지나가는 세상의 것들이 보일리가 없고
네 주위의 것들이 보이지 않으니
그 온갖 것들과 수시로 부딪히는 실수를 하며 살게 되는 것이지.

일생 쉴 수 있는 숨은
정해져 있다

자
이래도 숨을 빨리 쉬며
재촉하려나

*** 도움 되는 정말 그럴듯한 가설 하나**

그렇게 해서 저질러진 온갖 과거실수들이 가슴에 깊은 생채기로 남아 아직도 피를 뚝 뚝 흘리고 있는데, 그 바탕에서 너의 마음이 미래로 또 달려 나가게 되는 것이 현실이니 두려움을 느끼게 된단다."

하나의 마음에 또 다른 단어가 박히게 됩니다.

두려움…

TurtLehose는 이어서 말을 합니다.

"네가 과거의 기억에 항상 묶여 있기 때문에 조금이라도 비슷한 상황이 미래에 도달하면 우선 그 무서운 상황이 나에게 또 닥칠까봐, 두려움이라는 것이 너의 세포 속으로 스르륵 스며들게 되는 것이란다." "두려움… 아프지… 고통이고…."

하나는 다시 되뇌입니다.

두려움… 고통….

하나는 두려움, 고통, 아픔이라는 말을 생각하자 몸이 덜덜 떨리며 구석구석 온통 추워 오기 시작했습니다. 그러면서 왜 스승이 셋째 날에 그렇게 많이 이런 이야기를 하는지 알 것 같았지요.

TurtLehose는 진지하게 이야기 합니다. "두려움… 겁나지."

"고통… 그것은 너무나도 쓰고 괴롭지. 하지만, 지나고 보면 아무것도 아니란다. 이 세상의 모든 것은 곧 지나가거든…. 절대로 지나가지 않고 내 곁에 머물면서 나의 목을 조를 것 같은 고난도 멀지 않아 지나간단다. 무엇이나, 그야말로 무엇이나 다 지나갈 것이기에, 네가 앞으로 겪을 그 많은 고통들도 지나고 보면 기억에 가끔 남기나 하는 그런 바람 속 먼지 정도에 불과 하게 될 것이란다. 그러므로 앞으로 어떤 일이 닥쳐도 너무 슬퍼하며 아파하지 마렴."

고난은 등을 좋아한다
업히어 오래 괴롭히고 칼 꽂는 장소이기에

고통은 앞을 싫어한다
어차피 피할 수 없게 된 것 그래 한번해보라
세월 앞에 곧 흔적도 없이할 것이 또 왔냐며
당당히 맞서 갈까지 보겠다며 가슴 풀어주는
그렇게 앞 내어주는 이들은 재미가 없으므로

*** 그야말로 모든 것 다 지나가리라 1**

하나는 그래도 다른 친구와 스승들이 죽었을 때 아프게 울었던 기억이 납니다. 금세 눈물이 글썽해지는 것을 본 스승은

"우는 것은 괜찮다. 하지만, 슬프기 때문에 우는 것이 아니고 울기 때문에 더 슬퍼지는 것이란다. 그냥 모든 것 그야말로 이 세상 모든 아픔들은 가끔 기억날 그러다가 결국은 사라질 그런 안개임을 깨닫고 너무 아프게 울지마렴."

연습이 부족한 게야
연습이
불행하지 않겠다는
연습이

*** 슬픔과의 이별 연습**

"어떠한 고난과 고통도 네가 그것을 네 근심으로 스스로 선택하지 않는다면, 그것은 아픔 상처로 남아 너의 마음에 오랫동안 그림자를 드리울 수가 없단다."

결국 무엇이 문제일까
도대체 누가 문제일까

*** 바로 너**

셋째 날은 그렇게 쓰라린 가르침이, 쓰라리게 슬퍼 보이는 초생

달과 함께 기울 때까지 하나는 스승님 곁에 있었습니다.

넷째 날이었습니다.

TurtLehose가 하나를 잠에서 깨기 전에 흔들어 깨운 것은 오늘이 처음입니다.

TurtLehose의 가르침이, 해가 '오늘은 어떻게 세상을 뜨겁게 달궈 볼까~ ' 하며 기지개를 피지도 않았는데 시작됩니다.

"하나야 세상 살아 있는 것들은
내가 오래 사는 것을 모두 부러워한단다."

"내가 오래 사는 것은…. 나는 언제나 오래 살 수 있도록 생각을 한단다. 나의 행동도 항상 오래 살도록 행동하지. 그러한 생각들과 행동들이 습관이 되었기 때문에 나는 오래 살수가 있는 것 이란다."

천천히 한 발 두 발
한 생각 두 생각

찬찬히 한 들숨 두 날숨
한 생각 두 생각

그래 생각은 이렇게 하는 거야
한 숨 한 발 하는 그 속도만큼

* 휘리릭! 속도위반

천천히 살렴
바람이 보일 정도로
천천히 살면
바람이 그냥 지나쳐

서서히 살렴
모든 것이 보이게
서서히 살면
못 보던 것 보이게

* 너희는 보고 맛 들여라

TurtLehose는 하나에게 같은 가르침을 다시 강조 합니다.

"숨을 천천히 쉬어라 하나야, 너의 숨이 다시 빨라지고 있다. 너는 지금 너의 숨을 놓치고 있지 않느냐."

숨길을 천천히
시간을 천천히
생명을 천천히
정신을 명확히

* 놓쳐도 다시

그렇게 말을 하면서 TurtLehose 스승은 자기 자신을 뒤집는 것이었습니다. 곧 이어 심각한 표정으로 말을 잇습니다.

"하나야, 너는 할 일이 있다. 나의 가르침, 오랜 생명, 나의 가르침을 전해라. 지구를 향한 나의 가르침은 '거꾸로' 이다."

하나는 간단명료한 그 가르침에 바로 되묻습니다.

"거꾸로 입니까?"

"그렇다. 모든 것을 뒤집고 '거꾸로' 이다"

TurtLehose는 이제 우아한 미소를 띠면서 말합니다.

"나는 이백년을 살았구나. 얼마 안 있어 금세 나도 한 방울의 눈물을, 늙어 버릴 대로 늙어 버린 내 주름진 얼굴 위로 흘리며 죽어갈 것이다. 그 눈물은, 이 지구가 멸망해 가고 있음에 대한 나의 최대한의 동정이란다. 하나야 나의 눈물을 헛되게 하지 말아라."

하나는 너무 놀라 가슴이 덜컥 내려앉습니다. 무슨 말을 하긴 하여야 하는데 어떤 말을 하여야 할 지 머뭇머뭇 거리다가…

"스승님, 주...죽음이라니요? 갑자기 그게 무..무슨 말씀이세요. 이렇게 거..건..건강하신데요. 갑자기 무슨 갑자기…."

하나는 말을 못 잇습니다. 하나에게 제일 무서운 말은 죽음이었기 때문입니다.

TurtLehose는

"사막으로 떠나라. 모든 선지자가 거기서 그들의 삶을 다시 시작하였다." "사막을 지나 동물 중에 유일하게 옷을 입는 사람들을 지나 초록 꽃을 찾아라. 그 곳에서 거꾸로의 뜻을 찾게 된다."

다시 시작하는 곳은
사막이다
그곳에 가면
시간이 죽어 있기에

* 이유 2

TurtLehose는 사막을 손으로 가리키며 정말 거짓말같이 금세 숨을 거두고 맙니다. 거꾸로… 눈물 한 방울을 흘리며….

그 한 방울의 눈물은 TurtLehose의 얼굴을 지나 등에 흐릅니다. 흐르며, 그 등에 보라색 영롱한 작은 열매 알들이 많이 열린 과일 모습을 잔잔히 새겼지요.

하나는 이 기가 막힌 갑작스러움에 그만 그 자리에 털썩 주저앉고 말았습니다. 그렇게 한 동안 넋이 나간 상태로 먼 산만 쳐다보며 주저앉아 있었습니다. 그러다가 갑자기, 스승의 말이 생각났지요. 넋이 나간 상태이었지만 스승의 유언대로 곧 주위를 돌며 부러진 나뭇가지들을 모았습니다. 많이 모아진 나뭇가지 더미 위에 스승을 얹어 놓고 하나는 나무를 서로 비벼대며 나무에 불을 놓습니다.

그대 좁은 이마에 불붙거든

비비고 있나 살펴보라
쉬지 않고 돌려가며 뜨겁게

부비고 있나 돌아보라
사람들과 그것들과 언제나

* 그대는 상습 자해 방화범

불꽃이 날름 날름거릴 때마다 스승의 몸 구석구석에서 나오는 까맣고 매캐한 연기를 보며 하나는 이제 울 기운도 없게 됩니다. 그 장면들을 똑똑히 지켜보며 하나의 마음도 스승과 함께 새까맣게 타 들어 가고 있었습니다. 하나의 눈동자에는 그 불꽃이 언제나 이글거리고 있을 것 같았지요.

그렇지 않다
일주일
열흘 보름만 지나면
통곡으로 사랑하는 이 보내던 그 불꽃
차기만 한 세상 서릿발에 다 꺼지고

너도
너희들도
모두 그렇게 보름도 안 되어
웃음소리에 까만 재처럼 날려 잊혀질
바람 불지 않아도 사라질
그럴 존재

* 허무 2

TurtLehose가 몇 갈래 되지도 않는 바람 속에 수 많은 재로 부서지며 사라진 뒤로 하얗게 얼어 버리고 만 겨울 밤.

깊고 하얗게 그리고 검기만 한 하늘에 커다랗게 불덩이 같은 둥근 별이 떨어지고 있었습니다. 하나는 그 자리에서 아무 것도 안하고 여섯 날을 천천히 숨만 쉬고 앉아 있었습니다. 스승의 가르침을 되뇌이고 또 되뇌이며, 날숨과 들숨만을 지켜보고 있었지요.

칠 일째 되던 날밤 이었습니다. 하늘의 별들이 모두 땅으로 한꺼번에 떨어지는 것 같은 그날 밤, 하나는 자리를 털고 일어나

지나는 별들 다 떨어지고
북극성마저 툭 떨어지고

그믐달도 잘라져 떨어지고
검은 하늘마저 안 보일 때

그래도 며칠안가
별들도 제법 떠주고
그래도 며칠못가
달도 뜨고 그럽디다

* 그야말로 모든 것 다 지나가리라 2

TurtLehose가 가리켜 준 방향으로 사막을 찾아 떠납니다.

사막을 찾아 떠나는 사람에게 시간이 왜 필요하겠습니까. 하나는 스승이 가리켜 준 방향에서, 밤에 유난히 빛나는 별 하나만을 방향으로 잡고 밤새도록 걷습니다.

바람에 따라 별들 몰려다닌다
계절에 따라 별자리 바뀌기도 하고

수많은 마음들이 몰려다닌다
돌고 도는 세상에 변하지 않는 이

* 그대는 북극성인가요

그리고 낮에는 편하게 쉬었습니다. 이 세상에는 서두를 일이 아무것도 없다는 것을 깨달았던 것입니다.

밤이 몇 밤이나 지났는지 알고도 싶지 않은 나날이었습니다. 어느 날 바람이 거의 불지 않아 매우 평화로워 보이는, 떠난지 꽤나 된 그 어느 날 밤이었습니다.

하나는 '어느 새인지' 아니면 '어떻게 하다 보니 그렇게 인지' 어찌하였든 사막 앞에 서 있는 자기를 멍하게 느낍니다. 아무 표정이 없었습니다. 그렇게 사막에 오리라고 목표를 삼고 열심히 왔건만, 막상 자기가 꼭 와야 하겠다던 사막, 그 목표했던 곳에 오게 되니 오히려 아무 표정이나 감정이 없게 됨을 스스로 이상하게 느낍니다.

'목표란 원래 그런 것인가' 하는 생각도 하게 되었지요.

한 손에 쥐어도
두 손에 꼭 쥐어도
이내 빠져나가 버리고 마는

바람 불 때 마다
모래 발 몸 실어
이내 자기 모습 내 주는 곳

선지자들 모두 여기서

*** 왜 사막이어야만 하는가**

아무것도 없었습니다. 모래 이외에는…

원래 볼 것 없는 곳에 볼 것이 더 많다
볼 것 많은 곳에서 보아 남는 것 없듯이

* 원래가

모래 모래

사막에는 왜 모래뿐일까
사막은 말이 말라
꿈이 말라
혼도 말라 모래가 되고 만

세상에는 왜 바람 뿐일까
세상은 해가 말라
그늘도 말라
모래도 말라 부서져 버린

모래에 왜 발자국 없을까
그림자가 목말라
신기루도 목말라
누런 절망마저 타 들어가

*눈을 감아도 보이는 모래

또 모래
그리고 모래 바람

바람은 분다
이 바람 피하면 저 바람이 기다리고
따뜻한 바람 안에는 날 선 바람이 자라고 있다

바람이 살랑살랑 부는 정겨운 모습은
이 나무 흔들고 저 나무 차례로 흔드는 것이고

바람 한 점 없다는 것은 며칠 있으면
천둥도 모자라 번개로 무장하여 온다는 것이다

머리털 한 올 한 올 꼬는 바람 앞 등보이지 말라
살아있는 것들 모두
바람을 먹고 산다는 것을 아는 날

바람은
그대 앞에
무릎 꿇는다

엎디어 무릎 꿇는다

* 바람을 해부하다

우리는 남 발자국 뒤 밟으며 사막을 건너간다
한 줄로 서서 신기루 보고 웃고 있으나 웃지 않고
전갈에 물려 울고 있으나 울지 못하며
그냥 그렇게 건너간다

우린 날선 초승달 끝 꿈 걸어놓고 사막 건너간다
모래바람 씹으며 있지도 않은 파란 물 찾아서
평생 강요되어 바라본 태양 그을리며
이미 죽어버린 낙타타고

* 너 그리고 나는

하나 곁에는 매일매일 모래, 모래 또 모래 그리고 모래바람 이외는 없을 것처럼 보였습니다.

사막 위로 매일 밤 아무도 모르게 바람 지난다

그 바람은
낮 내내 비틀거린 발자국
눈물 자국
멍 무릎으로 긴 자국들을
몸으로 쓸고 다닌다

하루도 빠지지 않고

* 사막에서는

더욱 힘든 것은 어느 곳을 향하여 가는지조차 모르는 것이었습니다. 보이는 생명이라곤 나를 찌르는 가시돋힌 나무들.

숨소리 끝자락 뜨겁게 내어 준 하얀 뼈들이 모래 위 배 깔고 누워있다
질기게 살아 있는 것들 모두 그 곁에 누우려 그림자 널고 있다

가시마저 끄슬린 선인장 두 그루 옆
시간이 졸며 저만치 질질 끌려온다

* 사막 풍경 4

뜨거운 태양 아래 하나의 목은 깊숙이 타들어 간지 오래 되었지요.

사막에서 뛰면 어떻게 될까
세상은 산소 없는 사막이고
누구나 세상에서 뛰고 있고

* 생명 꺼져 가는 이유

입 주위는 여기 저기 번갈아 가며 터져 피가 나다가, 이제는 피도 깊숙이 말라 타들어가 고갈되어 더 이상 피도 나지 않았습니다.

바로 곁 무릎 꿇고 기도하다 말고 넘어지는 낙타
방울 소리가 안 들릴 때

모래알 입속 들어와 돌아다녀도 서걱거리지 않을 때
입술 터져도 피 안 나오고

일어나려다 쓰러져도
현기증 나지 않을 때

* 그때 가서나 힘들다고 말하렴

이제 현기증도 안 나며 그냥 그곳에서 피식 쓰러지고 말았습니다.

며칠이 지났는지 아무도 모르지
사막에서는

해도
달도
죽은 낙타도
모래마저도

* 네가 없어진 후 며칠 뒤에는

이 세상의 모든 것이 지친 날이었지요.

모래알도 지쳐 바람이 반 토막 희망
부축하며 일으키는데도 날지 못한다

달도 태양도 낙타 그림자 이끄는데도
밤에도 낮에도 같은 표정으로
굳어 버린지 오래다

질질 끌려 끊긴 한쪽 발자국도 이미
사라져 버리기를 거부한지
아주아주 오래되었다

사막 마지막 숨결은 어디 쯤 있을까

* 너의 마지막 숨결은 어떠하냐

쓰러진 후 얼마나 지났을까… 아직 어지러운 환상 속 마지막 남은 낙타 한 마리를 질질 끄는 것 같기도 하였는데…

모래 산자락으로 슬쩍 사라진지 며칠 되었을까
허리 찬 수통 뚜껑마저 증발한지 며칠 되었을까
모래 회오리 같은 터번 멀어진지 며칠 되었을까

그래도 차마 마지막 남겨둔 나의 낙타 등 비참히 난자해
목축이지는 못하겠다고 발버둥 친지는 또 며칠 되었을까

* 마지막 희망 증발하다

빛이 보였습니다. 너무나도 깜깜한 것 같았던 밤에…

별이었습니다. 그것도 수많은….

사막에는 별들이 유난히도 맑다
사막에서는 외로움과 고통이 서로 끌어안고 빛나기 때문이다

사막에는 선인장가시 하나 없다
모래 먹고 사는 시들 바람 가시 뽑아 서로 업고 가기 때문이다

*** 사막에서는 시들도 목마르다**

하나는 사막에서 햇볕에 그을리고 그을리다가 밤이 되기 전에 그만 기절하기를 반복하여 밤에 별이 뜨는 줄조차 몰랐던 것이지요.

사막별이 왜 저다지 반짝이느냐고
너는 어제도 물었고
죽은 낙타 뼈가 어쩜 반짝이느냐고
너는 그제도 물었다

사막에서는 기도마저 증발하고 말지
꿈들이 증발한지는 아주 오래되었고

*** 사막별은 빛나지 않는다**

사막, 별빛에 반사되어 빛나는 것이 있었습니다. 자기 목에 무엇이 걸려 있는 것조차 오랫동안 잊어버린 Lotusa가 준 씨앗.

그 씨앗에서 녹색 빛이 희미하게 나오기 시작했습니다. 신비한 녹색 빛이었습니다. 그 빛에 하나의 눈은 점점 크게 떠지기 시작했지요. 목걸이의 빛은 곡선을 그으며 어딘가를 가리키기 시작했습니다.

모래 산이 왜 곡선일까
잊혀진 길 왜 곡선일까

살아남은 마지막 낙타의
눈은
등은
왜 그다지도 정겹게 곡선일까

사막에서는 왜 평행선 만나 곡선 될까
사막에는 왜 너 같은 직선들이 없을까

* 직선위에서 줄 타는 그대

그 곡선은 산을 가리키고 있었습니다. 그 모래산은 사람의 몸 모습을 하고 있었지요. 하나가 온 몸을 부들거리며 간신히 그 산을 기어서 넘어가니 그 곳에는 나무 한 그루와 물이 조금 있는 샘이 나왔습니다.

네가 증발될 쯤

너의 생각도 시간도 증발될 쯤
너의 기도도 너의 신도
너의 별도 네 새 한 마리마저도
너의 언어 너의 울음도

그리하여
네 눈동자까지도 완전 증발될 쯤

* 너의 오아시스는

하나는 여기서 약간의 적은 물로 자기 생명을 스스로 살리게 됩니다. 다시 살아난 하나는 그 작은 샘물에 비친 자기 모습에 놀랍니다. 온몸은 모래 바탕에 등은 넓고 둥근 상태에서 온통 가시가 박혀 있었습니다. 그동안 자기가 걸어온 삶의 모습을 그대로 하고 있었지요.

굴곡 거울 속 그것이 바로 자기라는 것에 충격이
깨진 마음 속 철저히 날선 각성 작두 위에 서서

* 이것 없이 어찌 새 출발이

오아시스 샘에서 며칠을 지내는 동안 그 샘물 한가운데에서 잎이 하나 솟아나고 있었습니다. 참으로 아름다운 이파리. 하나는 자기가 물을 마시는 동안, Lotusa가 준 씨앗이 샘물에 빠지고 만 것을 몰랐던 것이지요. 이 씨앗이 샘에 빠져 싹이 났던 것이었습니다. 어느 날인지 알 수도 없는 그 어느 날…

그 이파리의 끝이 사막의 한쪽 끝을 가리키며 바람이 살살 불어도 움직이지 않습니다. 이제는 바람이 심하게 불어도 이파리가 움직이지 않는 모습을 보고 하나는 떠날 때라는 것을 압니다.

하나는 그동안 사막을 건너며 TurtLehose를 닮아서 등에 두꺼운 철갑 같은 방패를 달고 다녔었지요. 그나마 뜨거운 태양을 견뎌내는데 도움이 되었었습니다. 이제 그 방패를 스스로 벗어 버리고 다시 사막 길을 나섭니다.

스스로 깨우친다는 것은
얼마나 성스러운 일인가

* 진리 거울에 비친 너를 본다는 것은

하나는 사막을 건너며 절대절명의 갈증
그리고 배고픔의 의미를 다시 한 번 느끼게 됩니다.

이제 끝났는가 하는데
다시 다가오는 시련들

* 그야말로 누구에게나

하나에게 다시 혹독한 시련이 닥칩니다.

그 정도면 하실 만큼 하신 것 아니신가요

보십시오

여기 저기 수시로 찔리고 잘려 내 온몸은 너덜너덜 해어졌으며
낡은 무릎 꿇려져 가물가물 감각 삭아진지 이미 오래되었습니다

이제

한 가닥 인지 몇 가닥 인지 제 멋 대로 맥박소리 아득해 오고
끝자락 인지 간간히 막혔다 간신히 풀어졌다 숨마저 희미한데

이쯤해서 그만하셔도

* 엘로이, 엘로이, 레마 사박타니?

사십일 간을 사막에서 헤매다 더 이상 앞으로 나갈 수가 없게 됩니다. 하나는 쓰러집니다. 그때였습니다.

왜 신은 절대절명 순간에만
손을 내미시는 것일까 왜 꼭

*** 그것이 알고 싶다 3**

하나 앞에 샘물 터가 보이는 것이었습니다.

목말라 물을 마셨는데
더 목마르게 만드는

뜨거워 답답해 벗어나려
애쓸수록 벗어날 수 없는

보여서 쫓아갔는데
결국 아무것도 없는

*** 세상살이가**

그런데 이상하게도
그 곳을 향하여 한 발자국 다가가면
그 샘물 터는 한 발자국 멀어집니다.
두 발자국 하면 또 두 발자국.

신기루였습니다.

멀리 떨어지면 가까이 오고 가까이 다가가면 멀리 가는 것이
어디 신기루뿐일까

너의 마음
나의 마음
세상에 따갑게 떠다니는
모래알 같은
그들
저것들

* 멀리서 보면 좋아 보이지만

하나는 신기루 샘터에서 일어나다가 또 쓰러지며 정신을 잃게 됩니다. 이제는 자기가 신기루 속에서 물을 마셨는지 안 마셨는지, 아니면 꿈같지도 않은 꿈속에서 물을 마셨는지 안 마셨는지 자기 자신도 모르게 됩니다.

사는 것이 꿈속일까
꿈속이 사는 것일까

* 꿈이기를 바라는 깊숙한 고뇌

하나가 한참 후에 서서히 깨어나 정신을 차려 자세히 보니 하나 뒤로 모래 속에서 여러 색 큰 빛들이 일곱 번이나 차례차례로 올라오다가 검은 그림자와 서로 엉키는 것을 본 것도 같은데 하나는 이 빛이

무슨 빛인지 알 수가 없었습니다.

이때였습니다.

모래알이 땅에서 점점 올라가며 하늘을 덮었습니다. 바람도 없는데 말이지요. 그 장대하기만 한 모래 장막사이로 아스라하게 또 새롭게 일어나는 것이 있었습니다.

아지랑이였습니다. 신기루 샘물 터 너머로 보일듯 말듯 아지랑이 사이로 어렴풋이 여러 모습들이 드러나더니 점점 그 모습들이 선명하여지기 시작합니다.

성.

성들이 보이기 시작하는 것이었지요. 아지랑이 속 거대한 성들은 모두 다른 모습들을 하고 있었습니다. 가깝고도 멀게 거리를 두고 같은 모습끼리 서로 붙어 있는 여러 성들은 매우 높게 하늘을 가리고 있어 하늘이 잘 보이지 않을 정도였습니다.

그대 하늘 쳐다본지 얼마 되었나요
그제 하얀 구름 어떤 모양이었나요
어제 어떤 별빛 제일 희미하였고요
오늘 뜬 달 무어라며 속삭이던가요

그대 살아있음 느껴본지 얼마 되나요
구름 못 본 날 만큼 생명 줄어들고
별빛 못 봐 그 정도 꿈 꺼져갔으며
달 모양 몰라봐 그대 인간미 사라져

*** 하늘 안 봄과 삶의 함수관계**

그 성들 앞에는 개미보다도 많아 보이는 동물들이 모이고 또 모여 있었습니다. 하나는 멀리서 보았지만 한눈에 그 동물들이 사람이라는 것을 압니다.

사람
사람들….

스승들이 이야기하였던 사람들
바로 그 사람들.

모두 자기네들 가죽 위에 헝겊으로 만든 옷들을 입고 있었습니다. 그 많은 사람들은 여러 가지 색들의 옷을 이런 저런 모양으로 입고 있었지요.

옷을 벗어 멀리 던져 보자
겉옷도
속옷도

벗고 또 벗어도
안 보이는
나의
너의
속내 뒤로

*** 누구세요**

사람들은 같은 색을 입은 이들끼리 몰려다니며 옷과 같은 색의 성을 드나들고 있었습니다. 멀리 보여 확실치는 않았으나 하나가 세어

보니 일곱 가지 색이었습니다. 하나는 그 성들을 향하여 걸어갑니다.

그런데,

그 성들 입구에 다다라 보니 옅은 아지랑이 속에 일곱 색이 모두 어우러진 옷을 입고 있는 사람이 하나 있었습니다. 하나는 왜 저 사람만 여러 색의 옷을 입었을까 하며 의아해하다가 자세히 보니 아주 잘생긴 청년이었습니다.

크지도 작지도 않은 키에 피부는 검게 그을려 있었지요. 긴 머리가 어깨까지 내려와 있었고요. 넓은 이마에 검은 눈썹 그리고 깊은 호수를 연상케 하는 두 눈동자. 그 청년의 코는 날이 선 큰 코였고요, 붉고 작은 입술이 잘 조화된 얼굴의 젊은이였지요.

그가 걸어가는 모습은 다른 사람들하고는 달랐습니다. 다른 사람들은 왜 그런지 모두 한결같이 발들을 질질 끌며 걸었으나 그 청년의 걸음걸이는 부드러우면서도 활기가 차 있었습니다.

다른 사람들은 어쩌다가 다른 색의 옷을 입은 사람이 근처에 오면 발작적으로 고함을 치기도 하고 안 그런 척 하면서 은근히 발로 차며 그 사람을 밀어내었지만 이상하게도 이 청년에게는 그러지 않았습니다. 하나는 사람들이 그 청년의 색을 못 보는 것인지 아니면 이 청년에게 무슨 사연이 있는지 궁금하기만 하였습니다.

그런데

궁금하던 감정이 어떻게 잘 못 된 것인지 하나의 심장을 갑자기 빨리 뛰게 만들기 시작하였습니다. 놀라서 손을 가만히 가슴에 대어 봅니다. 두둥 두둥 큰 소리가 하나의 귀를 두들기기 시작했지요.

처음이었습니다. 이런 경험 말이에요. 그러다가 하나의 얼굴이 빨갛게 달아오르기 시작했습니다.

이런 경험들이 처음이라 하나는 어쩔 줄 몰라 그만 그 자리에서 돌아섰습니다. 돌아섰다가는 금세 다시 고개를 돌려 그 청년을 돌아보는 순간, 아지랑이가 다시 일며 그 청년은 사라지고 말았습니다.

하나는 자기가 무엇을 보았었는지 아니면 잘못 보았었는지 하며
겸연쩍어 씨익~ 웃고 맙니다.

하나는 이내 그 청년을 잊어버리고
성의 모든 것이 신기해 보여서 그 아지랑이 속으로 들어가
성의 길들을 걸어 다닙니다.
모든 것이 재미있어 보였습니다. 생동감이 있어 보였지요.

활기 넘쳐 보이는 것이
사실은 죽어가는 것이고

생동감 없어 보이는 것이
실제론 생기 있는 것이고

*** 거꾸로 6**

하나는 아침에 일어나서 하루 종일 흥미롭게 성을 위로 쳐다보며 걷다보니 고개가 뒤로 젖혀진 상태로 걸어 다니게 되었습니다. 그런 모습으로 지나가다가 앞을 보고 있는 많은 사람들을 만납니다. 모여 있는 사람들 중 맨 뒤에 있는 한 사람이 고개 젖혀진 하나를 보고 이렇게 말합니다.

"아가씨, 도시에는 처음인가 보네."

도시
도시에서 살아간다는 것은
도시에서 살아간다는 것을 못 느끼는 것

*** 자연에서 멀어지는 이유**

하나의 모습은 이미 성을 들어올 때부터 사람들 사이에서 사람모습이 되어 있었던 것이지요. 하나는 그 말을 듣고 이곳이 도시라는 것을 알게 됩니다. 그러면서 하나는 생각합니다.

'나, 하나는 이곳에서 아가씨라고 불리는구나.'

하나는 머리가 허리까지 오는 아름다운 아가씨가 되어 있었습니다. 사람들의 시선을 한 눈에 이끄는 지적인 깊고 큰 눈동자
반짝 반짝 빛나는 콧등
넓은 이마와 붉기만 한 볼
그리고
갸름한 모양의 얼굴과 작은 입술, 복스런 귀가 어울리는
아름다운 여인.

하나.

하나는 무엇이 앞에 있어 모든 사람들이 저렇게 앞만 보고 있나 궁금해서 발돋움을 하였습니다. 그러면서 아래를 보며 놀랐지요. 모든

사람들이 이미 발돋움을 하고 있었기 때문입니다.

도시에서는

발끝에서 피가 나는 줄도 모르고
발끝 내려놓으면 앞이 안 보이니

*** 모두가 발레리나**

하나에게 말했던 그 사람이 이렇게 말하였습니다.

"여기 서서 줄을 기다리렴. 아무리 예뻐도, 새치기 할 생각은 꿈에도 생각하지 말고…."

하나는 그 말을 듣고 하루 종일 기다리고 또 기다렸습니다. 말을 건 사람이외에는, 아무도 맨 뒤에 있는 하나를 쳐다보지 않았기 때문에 하나는 다른 사람에게 말을 걸 엄두조차 못 내다가 안 되겠다 싶어, 좀 착해 보이는 사람에게 물어 보았습니다.

"얼마나 더 기다려야 앞에 무엇이 있는 줄 알 수 있나요? 저는 이렇게 오랫동안 발돋움하고 기다리는 것이 힘이 많이 드는데 힘들지 않으세요?"

그 사람은 얼른 뒤를 잠시 보며

"잠시 한눈을 팔면 내 자리를 누가 차지하기 때문에 앞만 보아야 한단다. 그리고 너의 삶의 삼분지 일을 이렇게 발돋움하고 기다리며 지내야 하는 것을 정말 모른단 말이냐?"

하나는 놀랐습니다.

삶의 삼분지 일이나

이렇게 발돋움하며 기다려야 무엇을 할 수가 있다니….
그렇게 다리 아프게 오래 기다린 후에 앞으로 온 하나의 앞에는 거대한 저울이 있었습니다.

네가 여기 앞에 선 것은
밀리고 밀려서 여기까지

*** 누가 밀었나 너도 밀고**

그 저울은 여러 색이 눈금으로 갈라져 표시된 저울이었지요.
하나는 몰랐었습니다.
하나가 본 이전의 사람들은 이미 그 저울에 올라갔다가 나온 사람들이었지요. 모든 사람들은 저울에 오르기 전에는 흙색의 옷을 입고 있다가 그 저울에 올라간 후에는 그 눈금이 가리킨 색대로 일곱 가지 색 중에 한 색을 골라 그 옷으로 갈아입고는 같은 색의 일곱 개 성으로 각자 걸어 들어간다는 것을 나중에야 알게 되었습니다.

그리고는 그 각자의 성 앞에서 또 줄을 기다리는 것이었습니다.

자기 스스로 올라가는 거야
남이 시킨 것 절대 아니지

*** 저울질 하는 한 당신은**

나중에야 안 사실이지만, 여러 성들 앞에 가서야 하나는 그 성들이 같은 모양들끼리 모여 서서히 움직인다는 것을 알게 됩니다. 그 성들은 밑에 둥그렇게 생긴 바퀴, 길게 생긴 바퀴, 문어발같이 생긴 기구들을 달아 움직이기도 하고 돛을 달고 매캐한 검은 연기를 내며 움직이는 여러 기구들을 이용하여 움직이기도 하였습니다.

어떤 성들은 너무 천천히 움직여서 사람들이 잘못 느끼는 것 같은 성들도 있었지요. 사람들은 이 움직이는 성들을 천천히 또는 빠르게 쫓아다니다가 또 다른 줄을 서고 있었습니다.

너는 숨도 몰아서 쉬어야 한다

이미 어두워진 목소리
　　탁해진 두 눈동자
　　더 크게 더 크게
마음 그 만큼 더 닫고서

온몸 경련 끌어안으며

* 비린내 밴 빌딩 숲에서는

그런데 쫓아다니는 사람들 모습을 자세히 보니 모두들 한쪽으로 기울어져서 그 성들을 쫓아다니는 것이었습니다.

오직 한쪽 뇌만 쓰다 보니
흑백으로만 가르다 보니

* 그렇게 진화되다 보니

왼쪽으로 또는 오른쪽으로 몰려다니는 인간들은 그 성들이 왼쪽으로 오른쪽으로 몰려다니는 것을 쫓아다니느라 그렇게 된 것이었지요.

하나도 저울에 올라갔다가 왼쪽으로 기울여 다니는 첫 번째 빨간 성 앞에서 또 기다리고 있었습니다. 하나가 섰을 때 저울에 빨간색이 나온 것은 아니었습니다. 다만, 앞 사람이 빨간 색이 나와 그 사람이 빨간 성으로 가는 것을 보고 있다가 그냥 그 사람을 따라 가기로 한 것이었습니다.

빨간 성 황금색 성탑 꼭대기에는 여러 깃발이 펄럭이고 있었지요.

그 깃발 한쪽 면에는 해, 달, 별, 여러 굵은 줄들이 그려져 있었고 그 뒷면에는 이상한 모양이 그려져 있었습니다. 나중에 알고 보니 하나같이 창, 칼, 화살 등이 그려져 있었습니다.

빨간 성은 매우 빠르게 움직이고 있었기 때문에 모든 사람들이 문 입구에서 쉽게 성으로 들어가지는 못하였습니다. 게다가 문지기가 무엇을 보고 기준을 삼는지는 모르겠지만 몇몇 사람만 간신히 들여보내 주는 모습이 보였습니다. 하나도 그 성을 쫓아다니느라 매우 힘이 들었지요.

빨간 성 사람들이 하도 빠르게 다니느라 그 사람들의 그림자들이 그 성 사람들을 못 쫓아다니는 것을 보고 하나는 놀라게 됩니다. 사람들은 그림자들이 잠시도 쉴 틈을 안 주고 바쁘게 뛰어 다녔기에, 주인을 못 쫓아간 그 많은 그림자들은 회오리바람에 날려 줄에서 떨어진 빨래들처럼 여기저기 널브러져 있었지요. 그러다가 나중에는 커다란 나무 그늘 밑에 모두 모여 자기들을 무시하고 바삐 돌아다니기만 하는 주인들을 주먹을 불끈 쥐고 성토하고 있었습니다.

그런 그림자들과 같이 뒤로 쳐진 하나는 어느새 그림자 모습.
그림자
그 자체가 되어 있었습니다.

거기 걸려 쫓아오지 못하는
거기 말려 돌아오지 못하는
거기 잡혀 꼼짝하지 못하는

* 거기가 어디인지 알기라도 한다면

하나는 그림자가 되어, 가빴던 숨을 몰아쉬며 빨간 성 앞에서 늘어져 있었습니다. 그때였습니다.

하나는 모습이 번쩍거리는 세련된 인간을 만나게 됩니다.

자세히 보니 세련된 번쩍은 하나가 첫눈에 보고 가슴이 두둥 뛰었던 바로 그 청년이었습니다. 그 청년은 성 앞에서 누구보다도 빠르게 뛰어다녔기 때문에 그 청년의 그림자도 당연히 없었습니다. 그 청년의 그림자는 이미 길을 잃고 어디 있는지조차 모르게 된 것이지요.

그림자 잃은 청년에 반한 하나는 그 청년 근처에서 서성이다가, 갑자기 청년에게 훅 빨려 들어가며 자연스럽게 그 청년의 그림자가 됩니다.

그 청년의 이름은 ‘하노’였습니다

하나는 그 청년의 그림자가 되어있었으므로 하노라는 이름도, 그가 무엇을 하려고 하는지도 잘 알게 되었지요.

하노는 왼쪽 팔에 완장이라고 불리는 넓적한 헝겊쪼가리를 차고 있었습니다. 그 완장은 짙은 빨간 색이었지요. 하노가 성 앞에서 왼쪽 팔 완장을 벗어 오른쪽으로 올려 차는 순간 그 빨간 성의 문지기는 하노에게 넙죽 절을 하며 길을 안내하기 시작하였습니다.

다른 사람들에게는 뻣뻣하기만 했던 그 문지기가 그렇게 친절해지는 모습으로 바뀌는데는 그야말로 잠깐이었습니다. 다른 사람들에게는 이것저것 물어 보고 까다롭게 하였지만, 완장 바뀌는 겉모습만 보고 그렇게 절까지 하면서 길을 안내하는 것이 좀 우스워 보이기도 하였지요. 하노는 성에 들어간 후 어느새 성의 제법 높은 곳까지 올라가 여러 사람들 앞에서 큰 소리로 말을 하기 시작하였습니다. 하나는 하노가 너무 빠르게 올라가는 바람에 하마터면 하노에게서 떨어져 나갈 뻔 하였지요.

하나는 하노의 그 큰 소리가 자세히 들리기는 하였으나,그 뜻은 잘 알 수가 없었습니다. 이상해 보인 것은 그 하노의 앞에 있던 모든 사람들은 하나같이 하노가 말을 끝낼 때마다 왼쪽 손바닥과 오른쪽 손바닥을 서로 부딪치면서 짜작 하는 소리를 내는 것이었습니다. 중간 중간 어떤 이들은 입술을 손으로 쥐어짜고는 바람을 내어 휘휙하는 소리도 내었습니다. 하나의 귀에는 모두 시끄럽기만 하였지요.

물맛 같이 담담하지만 그대 생명 같은
물길 같이 덤덤하지만 곁에 항상 하는

불길 같이 뜨겁지만 그대 태워버리는
불결 같이 날름거려 마음 재떠미되게

*** 그 대 곁 친구는**

이 사람들은 세 그룹으로 뭉쳐 모여 있었습니다.

첫 번째 그룹 사람들은 썩은 사과를 갖고 아주 싱싱한 사과라고 남을 설득하는 기술을 배우는 사람이었지요.

그리고 두 번째 그룹 사람들은 목마른 사람들 앞에서 달콤한 물이 얼마든지 곧 온다며 약속을 하는 사람들이었습니다. 단 물을 아주 조그만 손수건에 적시어 주면서요. 사람들은 조금 단 물의 맛을 보며 즐거워하고들 있었으나 사실은 단 물 속에 더 목이 마르도록 하는 약이 뒤에서 몰래 타진다는 것을 모르고 있었습니다.

세 번째 그룹 사람들은 큰 그릇에 진흙을 담아서 발을 담구고 텀벙거리며 자기네들은 방금 발을 깨끗이 닦은 깨끗한 사람이라고 막무가내로 우기는 사람들이었습니다.

이렇게 세 그룹 사람들이 여기저기 우르르 많이 모여 있는 모습을 보면서 하나는 '아니 ~ 저런 시시한 일들을 하는데 왜 사람들이 저렇게 모여 있을까?' 의아해 합니다.

그런 시시한 일들이라는 것을 안다면
모여 있는 것 자체가 별 의미가 없고
남 해롭게 하는 것 조금이라도 안다면

그렇게 시시하게 그곳에 얼씬거릴까

*** 모르는 게 문제**

그리고 한결같이 목소리들이 작은 사람들(이하 목작)은 목소리 큰 사람들에게 모두 제압을 당하여 끌려다니고 있었습니다. 원래 목작은 목소리를 높이려고 하다가 그 자리에서 바로 잘려져 왔었고 그러다가 명칭마저도 잘려 나가 두자인 목작으로 불리어지고 있었습니다.

약속 안 지키는 사람들 다 모여라
거짓말 잘하는 사람들 다 모여라
자기 자기가족 하나 간수 못하며 남 앞 나서
진흙탕 싸움 즐기는 이 다 모여라
자 이제 지저분한 이 다 모였으니

착해 보이는 탈
번들거리는 가면 하나씩 골라
꽹꽹 꽹과리 파티

* 세상이 왜 시끄럽냐고 묻는 그대에게

사람들은 목소리 큰 우두머리가 거짓말을 더 잘할 때마다 환호성을 올리며, 이 그룹 저 그룹으로 모였다가 금세 흩어지고는, 다시 모여서 야유를 보내는 아주 요상한 경기를 즐기는 사람들이었습니다.

나중에는 그 사람들이 모두 모여 차례로 자기네들 얼굴에, 철로 만든 가면을 서로 씌워주고 있었습니다. 그 두꺼운 가면은 착해 보이는 모습을 하고 있었으며, 눈 옆을 가리어 앞만 보고 다니게 되어 있었기에, 그 가면을 쓴 다음에는 모두 어디에 중독이 된 것처럼 앞사람만 보고 쫓아가는 것이었습니다.

하노는 목소리 높은 사람들 사이에서 목소리를 더 높이 내면서 사람들 사이로 뛰어다니고 있었고 하나도 하노의 그림자가 되어 같이 힘들게 끌려 뛰어다녔습니다.

그러다가 이상한 일이 일어납니다. 하노가 성 속에서 점점 더 높은 곳에 올라갈 때마다 하노 오른쪽의 완장은 끝 부분이 풀어지면서 하노의 몸을 점점 감기 시작하였습니다. 그 완장은 슬금슬금 하노의 목으로 올라가더니만 결국에는 눈 쪽으로 은근슬쩍 올라가서 하노의 눈을 가물가물하게 가리게 되었습니다.

올라갈수록 점점 앞을 못 보게 되고 만 하노는 자꾸 넘어지게 되었습니다. 바로 조금 전까지 손바닥을 치며 환호하던 사람들은 하노가 넘어지는 모습을 보자마자 달려와서 비아냥거림을 퍼붓기 시작했지요. 그리고 하노의 바로 곁에서 하노를 제일 잘 따르던 사람들은 사람들 사이에서 제일 먼저 나서며 발로 하노를 차기 시작하였습니다. 하노의 빨간 완장도 찢어지어 동료들 발에 밟히고는 벌써 누가 집어가 버리고 말았습니다.

그동안 그대들이 열심히 하여
하루 40명이 매일매일 스스로 목숨을
포기하는 사회 건설에 성공했다

그렇게 나라를 생각한 덕분에
이혼율 교통사고사망자수 일인당 술 소비량 1위
행복지수 꼴등 살인 6위 강간 11위
총체적 불행대국건설에 진입했다

너희들 모두가 꾸준히 바통을 넘겨가며 합심한 노고로
국민들 마음에 불신 불안 불만 불화
대물림으로 깊이 무럭무럭 잘 자라게 되었다

* 눈물겹게 고맙다 너희들

하노는 아팠습니다.
사람들이 발로 찰 때마다 몸도 아팠지만, 믿었던 사람들의 발길질을 맞아가며 참으로 마음까지 아파했습니다. 하노가 아파할 때마다 그림자 하나도 그만큼 아팠습니다.

그대가 아파본 적이 있다고 말하였지
그래 그대의 그림자까지 아파본 적이

* 피 눈물 넘어

그때 하나는 아주 무서운 것을 보았습니다.
그림자.

검은 그림자 인데 군데군데 여러 가지 색을 가진 그림자를 본 것이 었습니다. 하나도 그림자이기에 다른 사람들은 못 보는 그림자를 볼 수가 있었습니다. 입에서 여러 색의 불을 뿜는 그림자였습니다.

그 그림자는 다리와 목이 길었고 사람들의 그림자들, 심지어는 어렵게 주인들을 찾아 다시 들어온 그림자들에게도 불을 놓으며 이리저리 날아 다녔습니다. 하노의 원래 그림자는 이미 완전히 타버렸는지 보이지도 않았지요. 불이 붙은 그림자들은 주인인 사람들을 이리저리 선동하였습니다. 하노를 괴롭히는 그 많은 사람들의 불 붙은 그림자들을 보며, 하나는 자기와 하노에게 불이 붙기 전에 하노를 이끌고 그 성을 탈출합니다. 하노는 성을 나오자마자 정신을 잃게 되고, 하나는 그림자로서 지나가는 사람들에게 도움을 요청하며 묻습니다.

"도와주세요. 도와주세요."
아무도 아는 척을 안했습니다.

하나가 도와 달라며, 초록색 꽃을 찾아가야 하는데 어디 있냐고 물어보았기 때문이었습니다. 모두들 눈 감고 있는 하노를 통하여 나오는 하나의 음성이 너무 가늘고 하노의 입 움직임하고 잘 맞지 않는데다가…. 꽃, 그것도 있지도 않을 것 같은 초록색 꽃을 찾는 것이 너무 이상하였기에 사람들은 아무도 하나를 도와주지 않았습니다. 하노는 몸에 많은 상처를 입었고 그림자 하나도 급히 도망은 나왔지만 다른 그림자들 불에 까슬하게 그을리기까지 하였습니다.

거기가 다 거깁니다
목욕탕 매일매일 가는 사람 뽑으세요 心浴 말이에요
계속 보아 왔잖아요
그슬려 닦으면 어느새 또 그슬리게 만들어 온 그들

그저 정치권 반 토막 만들고 거꾸로 하겠다는 사람 찍으세요
완전 거꾸로 요

* 안 봐도 비디오랍니다

하나는 어떻게 할 줄 몰라 했지만 마음 하나만은 진실하였지요.

무엇이 문제냐 무엇으로 해결해야 하나
매일 이 앞에 서성이는가
해답은 하나

* 진정성

여길 보아도 저길 보아도
이곳에 있어도 저곳에 가 봐도

참으로
이것
저것이
많고도 많다
하나 빼놓곤

진정 필요한
하나 빼놓곤

* 진실한 마음 2

그저 홀로 뜨거운 정성 하나로 하노의 상처를 돌봅니다.

시간의 둔기 맞아 벌어진 누런 상처
무엇이 치료할까
배신의 흉기 찔려 찢어진 벌건 상흔
어떻게 나아질까

* 진실한 마음 3

하노는 눈에는 보이지 않는 하나의 지극한 정성으로 두 번째 성 앞에 다다라서야 많이 회복하게 됩니다.

두 번째 성은 파란 색의 성인데
그 성도 첫째 성처럼 화려하였습니다.

성 꼭대기는 황금색은 물론이고 은색도 곁들여서 장식되어 있었지요. 두 번째 성도 첫 번째 성처럼 깃발이 여기저기 꽂혀있었습니다. 두 번째 성은 성 꼭대기가 아니고 성 입구에 많이 꽂혀있었지요. 그 깃발에는 'ey' 라고 새긴 깃발과 'Mon' 이라고 쓰인 깃발 두 종류로 장식이 되어 있었습니다.

그런데 이 파란 성 앞에는 성을 지키는 문지기들이 없었습니다.
하지만 빨간 성처럼 성 앞에는
또 사람들이 서서 기다리고 있었지요.

기다리는 사람들 앞에는 금색의 큰 거울이 놓여 있었습니다. 사람들이 기다리다가 자기 차례가 오면 자기 스스로를 거울에 비추어 보았습니다. 그러면 그 거울 위에 달려있는 기계 숫자가 오르락내리락 하였지요. 사람들은 그 숫자를 보고는 스스로 고개를 이리저리 돌리며 몸짓을 다르게 하였습니다.

어떤 사람은 고개를 적게 끄떡거리고, 어떤 사람은 고개를 많이 끄떡거리고 또 어떤 이들은 머리를 긁적긁적 긁고, 또 고개를 갸우뚱하는 이들도 있었습니다.

거울 앞에는 거대한 몸짓을 갖고 몸에 온갖 번쩍거리는 장식을 한 사람들이 숫자 앞에 서서, 허약해 보이며 머뭇거리는 사람들에게 자기네 모임에 오라고 손짓을 하였습니다.

이렇게 거대한 손짓에 같은 반응을 보이는 사람들은 거대한 이들에 이끌려 성 안으로 들어갔습니다. 성 안에 들어간 후에 이곳저곳에서 깃발에 쓰인 숫자가 오르락내리락 할 때마다, 그 깃발을 따라서 다시 몰려다니는 것을 반복하였지요.

사람들은 그 곳에서 세 그룹으로 또 나뉘어져 몰려다녔는데
첫 번째 그룹은 '소' 자 뒤에 세 자리 숫자가 쓰인 깃발 아래서
두 번째 그룹은 '비' 자 뒤에 네 자리 숫자가 쓰인 깃발 아래서
세 번째 그룹은 '자' 자 뒤에 다섯 자리 숫자가 쓰인 깃발 아래서 몰려 다녔습니다.

그리고는 사람들은 이름이 없는지
서로를 긴 숫자 번호로 부르는 것이었습니다.

나에게 이름 있는 줄 알았어요
고귀하기만 한 인격이란 것도요

나중에 보니
아주 많이 나중에 보니

나는 그냥 소비자 b 3970-648638이었고요
내 친구는 그냥 소비자 c 2648-348255이었다네요

*** 그렇다네요**

그 사람들은 모두 옆의 사람들을 보고는 수시로 입을 삐쭉 내밀며

서로를 비교하였습니다. 그리고는 비교할수록 목이 말라 숫자가 들어간 물병의 물을 마시는데, 그 물을 마시면 마실수록 남은 병 속의 숫자들이 더 늘어나는 것을 보면서 더 목이 타들어 가는지 자기의 목을 꼭 붙잡고 더 큰 물병을 찾기 위해 더 열심히 뛰어다녔습니다.

너의 눈동자가 재빨리 돌아가는 소리가 들려
내가 무엇을 걸쳤나

나의 눈동자도 역시 수초 안에 돌림 끝내지
네가 무엇을 가졌나

사람 가치는 이렇게 분류되고 있지

* 적어도 아니라고 하진 마세요

자세히 보니 거대한 몸을 갖고 있는 사람들은 가만히 있어도 점점 몸이 거대해 지는 것 같았습니다. 허약한 사람들은 이리저리 몰려다니며 시간이 지날수록 자기네들이 점점 더 허약해진다는 것을 모르고 있는 것 같았고요.

허약해 보이는 사람들은 서로를 힐끗 보도록 거대한 이로부터 끊임없이 채찍을 맞는데, 이상하게도 맞아도 아파하지 않고 맞을 때마다 미묘하고도 야릇한 미소를 지었습니다. 그 '미야 미소'는 언제나 잠깐 사이에 입가에서 사라지는 미소이었지만 말이에요.

사람들은 이렇게 채찍을 맞아가며 서로 힐끗 비교하고는 바로 목말라하는 훈련을 끊임없이 받았습니다.

사실은 그 훈련을 시키는 사람도 거대한 이가 허약한 이들 중에 몇 명만 뽑아 '번질거리게 만든 이들' 로서 잘 길들여진 거대한 이의 허수아비, 앞잡이였습니다.

목 속까지 말라 서로 불어 가지고
숨이 제대로 쉬어지지 않는 줄 모르고

남이 가진 것을 내가 갖지 못해
나는 또 더 많이 뛰어야 하는 줄 모르고

그걸 가지면 남은 이미 다른 것
더 좋은 걸 갖고 채찍질 하는 줄 모르고

* 거대한 자본주의 음모 속에

허약해 보이는 사람들은 그것도 모자라 서로가 가진 것을 비교해 그것들을 갖지 못할 때마다 가슴속에 불덩이들을 하나씩 주워 넣고 있었습니다. 그렇게 집어넣은 불덩이들은 사람들 가슴속에서 '지지직' 소리를 내어가며 회색빛 연기들을 뿜어내고 있었지요. 더군다나 사람들은 그 매운 연기들로 가슴이 타들어 가는데도 서로 경쟁하며 더 따끔한 불덩이들을 찾아서 가슴에 집어넣는 것이었습니다. '찌지지직 찍치치직' 소리도 못 들어가면서 말이에요.

이곳에서도 경쟁
저곳에서도 경쟁

끝 안 보이는 경쟁
끝장 보이는 인생

* 사실 아닙니까 3

하나는 허약한 이들의 그림자들이 가슴 타는 매운 연기들에 맵지 않게 잘 길들여져 대대로 내려 온 것을 알게 되었지만 하노는 이를 모르고, 허약한 이들이 계속 힘들게 가슴을 태워가며 몰려다니는 것을 보면서 안타까운 마음에….

"여러분, 그만 거기 서세요. 지금 가슴에서 불이 나고 있어요." 하며 만나는 사람 하나하나에게 말을 합니다. 하지만, 사람들은 하노를 아래 위로 훑어보기만 하고는 수시로 나타나 큰 소리로 떠드는 '번질거리게 만든 이들' 말만 듣는 것이었습니다.

오늘도 부글거리며 새벽부터 화가 쌓이고 있다
어제도 그랬듯이

내일도 바글거리며 울화가 안 보이게 쌓이겠지
오늘도 그랬으니

보는 것 마다 차곡차곡 빼곡
못 갖는다는 분노 또 쌓이고

* 당신 지금 못 느끼고 있지만

하노는 왜 사람들이 저렇게 점점 허약해지면서도 서로를 비교하며 더 몰려다니는지 이상해 했지요. 하나는 그 사람들의 그림자들을 서서히 보고 모든 것을 확실히 알아갑니다. 그 허약한 이들은 조정되어 거대해지려고 대대로 노력하여왔고 그럴수록, 가슴이 새 까맣게 타들어가 가슴에 큰 구멍이 나게 되었고요. 그 구멍으로 시퍼런 날 선 고통 바람들이 자주 드나들어 왔었던 것을 말 이예요. 거대한 몸 사람들은 그런 모습을 보는 재미로 대대손손 점점 더 거대하여져 왔던 것이었습니다. 허약한 그림자 중 몇이 가끔은 거대한 그림자가 되는 것도 결국 거대한 그림자들의 치밀하게 계산된 미끼 음모였습니다.

저 시멘트 덩어리 속
바글거리는 동물 있다

풀 냄새 나무 냄새 흙냄새 못 맡도록
밤하늘 별 매일 변하는 달빛 못 보도록
바위 속 샘솟는 시원 물맛 못 느끼도록

매일매일 하루도 빠지지 않고 수시로
지폐로 돌돌 말린 채찍 맞을 때마다
아파하기는 커녕 야릇한 미소 띠도록

* 잘 조련된

무엇을 갖기 위해
인생 대부분 일터에서
무엇을 사기 위해
평생 머리 풀어헤치고

당신 에게는
가질 권리보다는
너무 고귀한
갖지 않을 권리가

* 행복하기 위해서 이제라도 2

그러던 어느 날 해가 질 무렵이었습니다. 하나는 거대한 몸짓의 사람들 그림자 속에서 암수가 한몸이며 긴 뱀을 몸에 둘둘 뭉쳐 두르고 다리가 긴 동물 그림자를 보게 됩니다.

어제 아침상 오른
누런 빵 한 조각은
그제 내가 흘린 땀 만큼이고

오늘 점심에 먹은
멀건 죽 한 그릇은
어제 발품 판 딱 그 정도이며

내일 내가 저녁 거를 이유는
오늘 내 손으로 할 일이 없기 때문이다

* 이렇게 살고 싶네요 이제부터라도

하나는 사람들에게 나오는 회색 연기도 너무 맵고 동물 그림자가 무서워 그곳을 뛰쳐나와 하늘을 올려다보게 됩니다. 그곳에서 하늘을 보다가 얼핏 보니 빨간 성과 파란 성의 뒤가 살짝 보이는 것이었습니다.

시멘트.
매캐한 회색의 시멘트.

성들은 회색의 시멘트로 만들어져 있었습니다. 겉은 근사한 색이였지만 속은 회색 시멘트인 빨간 성과 파란 성의 위는 서로 다리로 연결되어 있었는데 그 다리는 잠시 보이다가 금세 안 보였습니다. 회색안개 때문이었습니다. 잠시 본 그 모습을 보고 하나는 놀랐지요.

사람들이 그 다리에서 왔다 갔다 하다가 뒤에서 밀어내는 사람들 때문에 모두 하나 둘 밀려서 아래로 떨어지고 있는 모습을 본 것이었습니다. 그 높은 곳에서 결국은 그렇게 '아아악' 소리를 내며 하나 둘 떨어져야 하는 줄도 모르고, 뭉쳐진 밧줄을 타고 까맣게 위로 위로 올라가고 있는 사람들을 보며 하나는 안타까워하였습니다. 한참 후, 하나는 파란 성을 나온 하노에게서 그림자 상태로 따로 떨어져 나와 밤새도록 혼자 달을 보며 멍하니 지냅니다.

원망과 절망 사무치어
꼬이고 꼬인
개탄 탄식으로 뭉쳐진
줄 뭉치들을

이으며 올라가는 사람들

*** 지금 당신이 잡고 있는 썩은 줄**

하나는 한없는 탐욕을 놓지 않는 파란 성의 사람들에게 실망을 하며 그렇게 새벽이 기지개를 주우욱 필 때까지 혼자 있었습니다.

하노는 아침에 일어나
문득,
태양에 비치는 자기 그림자가 없음을 보고 이상하게 여기며 두리번거리게 됩니다. 하늘도 쳐다보고 곁에 있는 나무도 둘러봅니다. 나무들은 그림자가 있는데 자기 그림자가 없음을 보고 놀랍니다. 그리고는 놀랜 마음으로 이리저리 서성이다가 무엇이 잘못 되었는지 알고 싶어서 두 번째 성을 다시 들어가 봅니다.

잠시 다시 걷힌 안개 사이로, 아직도 첫째 성과 둘째 성 연결 된 다리에서 사람들이 차례로 떨어지고 있었습니다. 하노도 그제야 그 모습을 보며 그동안 하노가 쫓아다닌 것들에 대한 허망함을 느끼며 자기가 얼마나 어리석었나를 깨우치게 되었습니다.

그 순간 하나의 그림자가 다시 하노에게 돌아옵니다. 하노도 자기의 그림자가 생겨 안심하였고요. 하나는 하노와 같이 세 번째 성을 방문하게 됩니다.

세 번째 성은 그 모습이 짙은 구름에 싸여 보이지 않는 뒷산을 통하여 올라가게 되어 있었지요.

세 번째 성은 주황색 성이었으며
모든 것이 쇠 조각으로 장식이 되어 있었습니다.

성 안에서 쇠 덩어리들이 서로 마주치며 돌아가는 요란한 소리가 성 밖까지 시끄럽게 들리는 성이었습니다. 하노는 그 성의 입구 근처에서 서성이기만 했는데도 벌써 성안의 첫째 방으로 빨려 들어와 있었습니다. 성 입구에서 큰 바람개비가 빨리 돌아가서 모든 것을 성 안으로 빨아들였던 것이지요. 매우 빠르게 빨려 들어왔기 때문에 하나는 하마터면 하노에게서 슈욱 분리된 그림자로 따로 떨어져서 홀로 되는 줄 알았습니다.

주황 성은 입구서부터 방들이 여러 개 있었습니다. 제일 첫째 방에는 하노와 함께 같이 빨려 들어온 많은 사람들이 역시 줄을 길게 서서 무엇인가를 기다리고 있었습니다. 사람들은 기다리다가 차례차례로 스스로 팔에 뾰족한 바늘을 꽂고는 기계에서 나오는 바람을 넣는 일을 하였습니다. 기계에서는 황색 뜨거운 바람이 나왔지요.

그 바람이 몸에 들어올 때마다 사람들은

보다 빠르게 보다 높게 보다 강하게
가 아니고
보다 느리게 보다 낮게 보다 약하게

* 거꾸로 3

'보다 빠르고, 보다 높게, 보다 강하게' 하며 중얼거렸습니다.

보다 빠르게 너의 삶은 가고 있고
보다 강하게 너의 기쁨 사라지며
보다 높은데서 떨어지려 올라가고

* 거꾸로 4

둘째 방은 길고도 긴 방이었습니다.

방에는 따끈하게 열 받는 기계들로 가득 차 있었지요. 그 작은 기계, 큰 기계들은 모두 네모난 모양이었습니다. 하노는 방안을 자세히 들여다 봅니다. 사람들은 그 방에 들어가기가 무섭게 경쟁하며 손에다가 네모난 발광체를 쥐었습니다. 그 발광체를 손에 쥐면 쩍쩍이가 기계에서 슈욱 나와서 손에서 잘 떨어지지 않았지요. 그 발광체는, 손에서 그것을 잠시라도 떼어 놓으려고 하면 사람들이 발광하도록 만드는 기계였습니다. 사람들은 그것을 쥔 다음에는 벽에 걸려있는 온갖 네모난 크고 작은 여러 발광체 빛에 머리를 집어넣고 히죽거리며 웃기도 하고 훌쩍훌쩍 울기도 하는 것이었습니다. 그럴 때 마다 머리털이 하나씩 빠져나가는 줄도 모르면서 말이지요.

그러면서 사람들의 모습은 서서히 네모가 된 후에 눈에서는 주황색의 빛이 날카롭게 새어 나왔습니다. 그렇게 사람들은 방 입구에서 서로 웃으며 동그란 얼굴로 들어가고 방에서 나올 때는 모두 각이 선 네모가 되어 있었고 네모가 된 그 이후에는 서로 쳐다보지도 않기 시작했습니다. 더군다나 사람들은 누가 누가 더 무엇에 홀린 사팔 눈동자를 갖는가를 서로 경쟁하며 자랑스럽게 이야기 하는 것이었지요.

세상 이치라는 것이

네가 조금 덜 듣는 만큼
딱 그 만큼
복잡하지 않고

네가 조금 덜 말한 만큼
딱 그 만큼
꼬이지 않는다

* 딱 그 만큼

네모가 된 사람들은 그때부터 동서남북도 구별 못하고 간단한 계산도 못하며 자기 스스로 어떤 판단도 못하는 사람들이 되고 마는 것이었습니다. 그렇게 그들은 가지고 있던 기본적인 감각을 잃어가는 것을 '세련' 이라 불렀으며 서로 세련 경쟁하는 것을 즐겨 하였는데, 제일 강하게 세련되어가는 남자를 '켕카', 여자를 '쿵카' 그렇게 불렀습니다. 켕기는 남자. 쿵쿵한 여자라는 뜻이었습니다.

생명 시작은 둥글다
너희들 발 붙인 지구
마음 빨아 널은 달도

작은 감각도 둔해진
너만 뾰족한 각 되어

* 각진 동물

조금 더 빨리
바로 그만큼 삶은 타 들어가고
좀 더 편리하게
바로 그만큼 삶이 불편해지며
보다 더 많이
바로 그만큼 영혼 피폐해지고

손해나는 일만 열나 골라
그렇게나 밤낮으로 열심히

* 현대인 4

셋째 방에서는 사람들이 일렬로 서서 자기네 머리를 전부 산발 하고 뾰족한 가시가 박힌 곳에 넣는 일을 하였습니다. 그 방에서 나온 사람들은 나올 때 모두 같은 표정을 하고 있었지요. 아직 뾰족 가시가 박혀 있는데도 입가는 올려 미소를 지어야만 살아갈 수 있는 기가 막힌 상황에, 그들의 눈동자들은 참담하게 꺼져가고 있었습니다.

웃고 있으나 웃지 않으며
울고 싶으나 울 수 없으며

* 현대인의 같은 표정 1

있는 데로 소리치며 너무 억울하다고 마음 터지도록
목소리 높여 욕지거리 퍼붓고 싶은 상황에도
우리 하나같이 남들 앞에서는 비굴하게 야릇한 미소

* 현대인의 같은 표정 2

그리고 사람들은 조그만 책들을 모두 갖고 다녔지요.

책의 제목은 '여우 늑대와 양치기 소년' 이라는 책이었습니다. 하노가 무슨 책이냐고 물어보자 사람들은 주황 성의 전설 이라며 '여우와 늑대가 양치기 소년을 번갈아 세 번씩, 여섯 번이나 속여 마을 사람들을 차례차례 모두 냠냠 잡아먹는다는… 아주 현명한 책' 이라고 자랑스럽게 설명해 주었습니다. 게다가 주황 성에서는 거짓말한 사람도 삼일만 지나면 모두 용서가 되어 잊어버리는 이상한 성이었습니다. 거의 모든 사람들이 거짓말로 살아가니, 겉으로는 부드러운 척 웃으며 마주하고 있으나 아무도 서로를 믿지 않았습니다.

나에게 이익 되는 것인가
나에게 돈이 되는 것인가

* 모든 판단의 기막힌 기준

하노는 주황 성을 나오며 정신이 나간 사람처럼 됩니다. 그곳 성 사람들 모두의 마음이 안정되지 않았기 때문이었지요. 하노의 눈은 충혈 되어 있었습니다. 그림자 하나도 빨지 않아도 되었을 빨래처럼 개념없게 길게 늘어져서 하노를 억지로 쫓아갑니다.

매일 신문 라디오 TV에 그리고 인터넷까지
숨쉬기도 벅차게 똑같이 반복되는 많은 일

세상 절대 복잡하지 않다
너의 머릿속이 복잡할 뿐

쉬지 않고 바스락거리며
네 마음 항상 산란할 뿐

*** 세상이 왜 이리도 복잡한가 묻는가**

하나는 세 번째 성의 마지막 방을 나오며 이번에는 주황색 동물을 보게 됩니다. 그 동물은 네 발에 몸은 검은색 줄무늬가 나 있었으며, 배는 흰색이었습니다. 귀는 좁고 송곳니가 날카로우며 눈빛도 사나우면서 소리를 크게 지르는 동물이었지요. 이 주황색 동물의 그림자는 소리를 으르렁대며

'더 빨리 빨리
더 높고 높고 강하고 강하게
더 네모나게 네모나게
더 멍청하게 멍청하게'

이렇게 사람들이 같은 말을 두 번씩 하루 종일 하도록 주황 성 사람들 그림자들을 다그치고 있었습니다.

사람들 사이를 좁힌다며
서로 경쟁하며 발명한 그것 결과로
사람들 사이가 좁혀 졌느냐

사람들 시간을 줄인다며
서양 이백년 발명한 그것들 결과로
사람들 여유가 생겼느냐

조금 편리하려고 할수록
너무 많이 내어 준 게야

* 왜 그런 일에 골몰을

하노와 그림자 하나는 주황색 동물과 사람들의 시끄러운 소리들에 쫓겨, 귀를 막고 주황 성을 나오다 보니 어느새 네 번째 성 입구에 도달하게 되었습니다.

네 번째 성에 들어간 하노는
남색의 안개가 너무 자욱하여 잘 보이지 않았지만 한참 지나 뒤돌아서서 자세히 보니 그 성은 남색의 성이었습니다.
그 성 사람들은 모두 동그랗게 앉아 무엇을 열심히 의논하고 있었습니다. 그동안 지나왔던 세 성 사람들에 대하여 별로 감정이 안 좋았던 하노는 사람들에게 말을 거는 대신 길거리에서 꽃을 보며 마음을 달래고 있었습니다.

그 꽃들은 하노를 보자마자 반갑게 말을 건네려고 하였지요.

그런 순간, 처음 동그라미 모임 중 한사람이 얼른 달려 나와 그 꽃이 하려는 말을 못하게 입을 막아 버렸습니다. 멀리 보니 그 동그라미 사람들은 이리 저리 뛰어 다니며 사람들이 꽃들의, 나무들의, 새들의 소리를 못 듣게 꽃, 나무, 새들 입을 막고 다니는 일에 열중하고 있었습니다.

하노는 그 모습이 너무 보기 싫어 그 사람들의 뒤를 돌아 멀리 보이는 산을 향하여 갑니다. 밑으로는 바다도 보이고 들도 보였지요.

하노가 산을 중간쯤 올라갔을 때 였습니다. 두 번째 동그라미 모임 중 여러 사람이 우르르 또 달려 나와 하노 앞을 막아섭니다. 그리고는 하노에게 마구 먼지를 뿌리기 시작했습니다.

이 사람들은 모두 먼지를 뿌리며 꽃과 나무 그리고 산, 강, 들, 바다에 대하여 온갖 야릇한 말을 하였는데 그들의 말을 정리하면 꽃과 나무 그리고 산, 강, 들, 바다는 인간이 써버리는 소모품 그리고 인간의 정복 대상일 뿐이기 때문에 가까이 하면 그들 버릇이 나빠지고 버릇이 나빠지면 오히려 사람들을 정복하려 한다는 것이었습니다.
하노가 산으로 가는 것을 막아 선 후에 하노에게 먼지를 뿌린 사람들은 이 먼지 뿌리는 일을 한지가 얼마 안 된 것 같았습니다. 먼지를 뿌리는 일이 익숙지 않아 하노에게 먼지를 뿌리기 전에 거의 그 먼지 전체를 자기네들이 뒤집어쓰고 말았지요. 하노는 먼지를 거의 맞지 않았고 먼지를 뿌린 사람들은 정반대로 자기 자신들이 뽀얗고 지저분한 먼지에 완전히 덮였습니다.

자연에서 태어나 자연으로 돌아갈
살아 있는 것들은 모두 자연이거늘

오직 한 동물만 자연과 정반대로

* 회귀 종

그리고 그 사람들은 먼지를 뿌리면서 '소모품, 정복' 등의 말을 아주 빠르게 많이 하는 사람들이었지요. 그 사람들을 따라서 그 성의 사람들은 모두 말을 매우 빠르게 많이 하면서 살아가고 있었습니다.

인간 꼬리 짧아질수록
당신 번질거릴수록
당신 속에서 사라지는 것
진
선
미

세련이라는 세련된 단어 속
복제 획일 폭풍 속
세상에 퍼져 나가는 가짜
진
선
미

* 진실 실종사건 X-2

그래서 그들의 시끄러움과 막아섬 때문에 사람들은 꽃과 나무, 새들이 들과 산 그리고 강, 바다에서 노래하는 소리에 가까이 할 수가 없었습니다. 사람들은 먼지가 자욱한 곳에서 콜록 콜록 거리면서도 그 콜록 거리는 것을 당연하게 알며 그 곳에서 빠져나올 생각을 하지 않는 것 같았습니다. 또한 그 매캐한 먼지들이 사람들의 눈은 물론이고 마음까지 콜록거리게 만드는 것을 전혀 모르고 남색 성 먼지 나는 곳이 제일 살기가 좋은 곳으로 아는 것이었지요.

인간 일어나자마자
그 많은 새까만 오글거리는 글들 본다

사람 눈 뜨자마자
귓속 와글와글 쳐들어오는 소리 듣는다

그 부시럭거림들
잠들 때까지 떠나지 않는다
아예 호두알 자체 세뇌시키어
소용돌이 빠져 나가지 못하게

* 매스컴 괴물

오히려 남색 성 사람들은 남색 먼지 연기를 마시는 것을 모두 좋아하는 것 같았습니다. 그런 것이 더 우아 하다고 생각하는 것 같기도 하였고요.

그리고 사람들은 모두 머리에서 생각이 나면 바로 말을 하였지요. 하나가 그 사람들의 그림자를 자세히 보니 가슴의 마음 입구에 무엇인가가 마음을 꽈악 갑갑하게 막고 있었습니다. 세 줄의 말이 돌돌 말려 꾸겨져 막고 있었는데 잘 안 보였지만 그 세 줄의 말들 첫 글자는 '감, 사, 미' 였습니다.

감사 사랑 미안 평화 용서 희망 정의 나눔 위로 질서 같은 언어들은
그 언어들과 멀고 먼 인간들 혀 밑에서 돌돌 말려 진화하여
교활한 그들 고유 허접스러운 단어 된지 오래다

천박한 경쟁 속 맑은 문화 질식사한지 언제인가 기억 없고
그것 애통해하는 장례식은 없었다고 대대로 전해져 내려오며
물론 현재 가물가물 기억이라도 해 보자는 기념일도 없다

* 퇴화 현장 2

조금 더 편리함이

더욱 큰 행복감을
빼앗아 가 버렸고

그렇게 된 줄 도
전혀 알지 못하고

* 거꾸로의 이유 4

더하고 곱하는 서양문화
빼고 나누는 동양문화

어느 대단한 문화 때문에
진화에 실패한 것일까

* 문명충돌 1

서양문명은 끊임없이
　　　　　　남과 나를
　　　　　　　　이것과 저것을
　　　　　　　　　　비교하게 만들지
동양문명은 끊임없이
　　　　　　남과 나는
　　　　　　　　이것과 저것은
　　　　　　　　　　다르지 않다고 하지

* 이백년 사이 이렇게 된 현장 르포

더하고 곱하고
많은 것이 아름답고 이기는 문명

감하고 나누고
적은 것이 아름답고 참되는 문명

* 문명 충돌 2

하나는 사람들이 너무 말을 많이 하면서도 실제로 마음에 남는 말은 하나도 하지 않는 시끄러운 네 번째 성을 빠져나오며, 네 번째 성을 무슨 그림자가 덥고 있나 알고 싶어 이곳저곳을 찾아보았습니다.

그런데 이번에는 아무 그림자도 안 보였습니다. 남색 안개 때문에 잘 안 보였던 것이지요. 다만, 남색 안개 사이로 잠시 비늘도 보였고 날카로운 발톱 입가에 긴 수염이 난 길고 둥근 동물이 잠깐 슬쩍 지나가는 것이 보인 것도 같았을 뿐이었습니다. 하노와 그림자 하나가 남색 성을 뒤로 하고 다섯 번째 성을 들어갑니다.

들어선 다섯 번째 성은 노란 색으로 장식한 예쁜 성이었지요.

성 꼭대기는 사각으로 된 첨탑에 금술이 달려 바람이 날릴 때 마다, 금술들이 하늘거리며 날려서 보기 좋은 성이었습니다. 안개도 없었고 밖에서 듣기에 그렇게 시끄럽지도 않았기 때문에 하노와 그림자 하나는 성에 들어가면서 마음이 편안하였습니다. 성과 방들 입구에서 서성거리는 무서운 사람들도 없었습니다. 그리고 줄을 선 사람도 없었지요.

하지만 이 노란색 성의 사람들은 여기저기 수도 없이 많게 모여, 네모난 조그만 여러 방들에 모두 들어가 있었습니다. 그 방안 앞에서는 한결 같이 수염을 배배꼬아 길게 기른 사람이 성탑 모양처럼 머리에 주렁주렁 노란 구슬을 달고 방 속에 가득 모인 사람들에게 쉬지 않고 계속해서 뭐라고 이야기하고 있었습니다.

하노는 그 구슬 수염이 무엇을 이야기하나 궁금해 목을 길게 하여 안을 들여다보며 듣기 시작했습니다.

하노가 안을 들여다보니

맨 앞에 있는 사람들은 모두 앉아 양파를 까고 있었습니다. 뒷줄에서 앞으로 가기를 바라는 사람들은 앞에 있는 사람이 무엇을 하는지도 모르고 있었습니다.

앞에서 무슨 일이 벌어지고 있는지 궁금해 하면서도 그냥 앞사람 뒷모습만 보고 있었지요. 그렇게 뒷모습만 보도록 조정되어 온 것 같았습니다. 앞에 있는 사람들은 양파를 까는데, 아무리 까도 알맹이가 없는 것을 모르는지 아는지 그 많은 양파를 벗기고 또 벗깁니다. 양파에서는 사람들의 눈을 따끔하게 만드는 묘약하고 비슷한 냄새가 났지요. 그 냄새는 눈을 잠시도 감지 못하게 괴롭혀 양파 까기는 그야말로 잠도 못자면서 눈물 없이는 할 수가 없는 일이었습니다.

알맹이 찾는데
알맹이 없는데

알맹이 원래 있었을까
알맹이 원래 없었을까

속 알맹이 없던 것
만들어가는 것일까

* 그것도 모르면서

양파 냄새로 눈이 매워 눈물이 글썽글썽 한데도 계속 서로 경쟁하며 양파의 껍질을 벗겨내고 있었지요. 뒤에 있는 사람들은 앞에 있는 사람들보다도 좀 더 바보스러운 표정으로 그렇게나 눈 매운 일을 하려고 열심히 기다리고 있었습니다.

양파를 까는 사람들은 나이가 어려 보이는 사람들이었습니다. 늙어 보이는 구슬 수염은 양파를 열심히 까는지 확인하느라 왔다리 갔다리 하고 있었지요. 그러다가 양파를 다 깐 사람들을 따로 모은 다음에는 호박 하나를 탁자 밑에서 스윽 꺼내더니 그 호박 하나 안에 씨앗이 몇 개 있는지를 아주 심각한 표정으로 가르치기 시작하였습니다. 어려 보이는 사람들은 구슬 수염이 하는 모든 일에 대하여 눈을 반쯤 감은 채 재미없어 하는 눈치였지요. 하지만 뭐라고 하면 그 구슬 수염이 여러 교묘한 방법으로 혼을 내기 때문에 아무 말도 못하면서 열심히 양파를 까고 바쁘게 호박씨 숫자를 세고 있었습니다.

그 작은 방들은 그렇게 똑같이 양파를 벗기고 호박씨를 세고 하는 비슷비슷한 모임들이었지요. 다만, 그 양파와 호박들 색이 다르고 크기가 다른 것 뿐이었습니다.

매일 하늘 보지 않고 살아가면 어떻게 되나
얼마 전 온 찬바람 또 오는데 어떻게 해야 하나
꽃 보면 얼마나 가슴 설레야 하는가

이런 것을 가르쳐 주지는 않는다

모두 등 돌려 내 가슴 부스러지는데 어떻게 하나
지금 당장 사랑하지 않으면 어떻게 되나
용서가 실제로 나를 얼마나 살리게 되나

이런 것도 가르쳐 주지 않는다

그렇게 많은 돈
그다지 오랜 시간 다녔는데도

나를 살리는 것
너를 살리며 같이 살 수 있는 것
이런 것만 빼고 가르쳐 준다

* 하기야 자기네들이 못하는 것을 어찌

그 옆에는 약간 다르지만 그래도 네모난 방들에서 사람의 눈동자처럼 생긴 기계 앞에 젊은 사람들을 모아놓고, 눈에 착시 현상으로 보이는 것만이 모든 것의 진실이라며 젊어 보이는 사람들의 머리를 세뇌시키고 있었습니다.

분명 빨간색 꽃인데 눈에는 이상하게 노란색 꽃으로 보이게끔 머리에 혼동을 주면서 빨간 꽃을 노란 꽃으로 믿도록 가르치는 식이었습니다.

노란색 성 사람들은 이런 방식을 빨리 빨리 머릿속에 집어넣는 것들을 지식이라고 부르고 있었습니다. 노란 성 사람들은 이 지식을 많이 얻는 것을 어떤 것보다도 더 중요하게 여기고 있었지요. 지식이 많아야 세상을 편안히 살 수 있으며 모든 문제가 해결된다고 굳게 믿고 지식을 많이 얻으려고 서로 경쟁을 하였습니다. 그러나 그렇게나 오랫동안 지식을 쌓으면 문제가 없이 잘 살아가야 하는데 지식에 상관없이 사람들은 살아가면서 끊임없이 실수들을 자주 해가며 고통 속에서 살아가고 있었습니다. 더군다나 실수를 만회하려면 지식을 더 얻어야 한다며 열심히 더 지식을 찾아 뛰어 다니고 있었지요.

지식은 돈이다
이것이 진리다
라는 가정아래

그 긴 시간을

* 가정의 오류 2

가방 끈 긴 인간치고
인간미가 짧다는데 대해 부정하시는 분
앞에 나서 가르치는 사람치고
실수 안하고 제 앞가림 잘해가며
올바로 된 사람 못 봤다는데 부정하시는 분

손 들어보세요
그 배운 손 구경 좀 합시다

* 살아보니 대개가 그렇더라 뭐 그런 말입니다

일등 하라고
아직 나오지도 않은 아이 배 쓰다듬는다
일등 하라고
걸음마 하는 아이 귀에 외국어 들려준다
일등 하라고
초등학교부터 고등학교 내내 쉬지 않고
일등 하라고
대학에서도 직장에서도 경쟁 경쟁 또 경쟁

일등 아닌 것 아무것도 아니라고 생각하는
인간 하나 하나들로 빼곡한 이 사회 잉태한

매캐한 인간미가 일등일까
비정한 눈초리가 일등일까

이 세상 당당한 주인인
구십구가
일등이 아닌데

* 문제는 엘리트주의

시계를 본다
숫자판에 시침 분침
초침이 없다

그냥
아침 점심 저녁 밤
표시만이

* 노인 자기 시계 보며 웃다

제 몸 빨갛게 오래 살라
까만 재 된 사이사이 아직 사랑 열 뜨겁다
그 속 조심스럽게 밀어 넣은 고구마 몇 알

너무 설지 않게
너무 타지 않게
얼굴 화끈 거려도 한눈팔면 안 된다

오랜 시간 뒤
숯까만 껍질 벗길 때도
노란 알맹이 먹을 때도

손 데이지 않게
입 데이지 않게

우선 한 입 먹고 껍질
누렁이에게 던져주면

씹지도 않고 꿀꺽하고는
혀 끌어가며 입맛 진하게 다시고 기다리고 기다리던
그 인간보다 괜찮기 만한 맑고도 맑은 눈동자

요즘 아이들이 기다림 알까
맑혀진 기다림 무엇인지 알까

* 만들어 놓은 피자 한판 주세요 빨리요

지식만을 머릿속에 집어넣는 것 이외에도

첫 번째 두 번째 성 높은 방에서도 별로 필요하지 않은 통제 능력인가 뭔가 하는 것을 모든 젊은이들에게 집중적으로 복잡하게 주입시키는 이상한 것도 하고 있었습니다.

어차피 일 퍼센트 지배하며
구십구 퍼센트에게 거품지배
욕심 교육 복잡하게 시킨다
음모다

그저 하루 먹을 것 앞 양심 키우면
모든 이가 평안한 교육만 필요한 것
그것만 빼고 아주 많이 가르친다
음모다

일 년에 하루 날 잡아 남 발 대강 슥슥 닦아주고
나머지 일년 삼백육십사일 남보고 나의 발 싹싹
열심히 잘 닦으며 살라고 발 내밀고 사는 오만 종교지도자들
음모다

그들이나 저들이나 모두 높은 곳에서

*1%의 음흉 음모 역사

하노는 이런 이상한 방들을 가진 노란 성을 뒷문을 통하여 나오게 됩니다. 노란 성 뒷문을 나오다가 남루하면서도 많이 늙은 노인을 만

납니다. 이 노인이 입은 노란색의 상의는 거의 색이 바래서 흙색에 가까웠지요. 그 색 바랜 노인은 지나가며 하노를 아래위로 힐끔 보다가 이제는 거의 감겨진 늙은 눈을 억지로 크게 뜨고 하노를 빤히 쳐다봅니다. 하노는 '허, 거참 이상한 노인이다' 하며 그냥 지나갔지요. 하지만 색 바랜 노인은 지나가는 하노를 고개를 돌려 계속 보더니만 힘들게 쫓아오며 가까이 쳐다보기 시작했습니다. 그러더니 갑자기 그 노인의 얼굴이 일그러지며 얼굴색이 노인 옷 색으로 변합니다. 그런 다음, 하노를 막아서며 하노 앞에 대뜸 엎드려 머리를 조아렸습니다. 그리고는 큰 소리로 이렇게 이야기 합니다.

"왕자님."
"왕자님."

하노는 놀랐습니다. 하노를 오래 전부터 알아 온 것처럼 아는 척을 하는 사람을 처음 만났기 때문이었습니다. 하노는 그 소리를 듣고는 주위를 두리번두리번 둘러봅니다. 아무도 없는 것을 보니 자기 보고 왕자라고 부르는 것이 분명하였습니다.

놀랐지요.

그 색 바랜 노인은 엎드려 왕자님이라고 부르고 나서는 하노 앞에서 한없이 눈물을 흘리기 시작하였습니다.

"못 뵙고 죽는 줄 알았습니다. 저만 살아, 저만 살아남았습니다. 왕자님."

어쩔 줄을 모르는 하노 앞에서 색 바랜 노인은 자기의 말을 아주 진지하게하기 시작했습니다. 신념에 묻어나는 말 같았습니다. 말을 하면서도 두 손을 꼭 쥐고 흐느끼며 말했기 때문이었지요.

노란성에는 아직 하노가 가보지 않은 보라 성과 무지개 성 이야기가 옛날부터 전해온다는 것이었습니다. 노인의 말은 무지개 성, 보라 성의 왕자가 세상을 구원한다는 것이었지요.

이 세상 여러 다른 색을 가진 성들에서 오래 살고 지혜가 있는 몇몇 사람들은 한결같이 자기네 소수의 노인들만이, 죽을 때나 되어서야 현명해지는 것을 안타까워하고 살았다는 것입니다. 모든 성 대다수의 사람들은 젊어서는 도저히 세상 이치가 깨달아지지 않아, 어리석게도 크고 작은 실수들을 하며 살아가는데 그 실수들로 인하여 크나큰 고통을 겪어가며 힘들게 살아만 간다는 것이었습니다. 대다수의 사람들은 늙어서 까지 진정한 행복이 무엇인지도 모르고 우왕좌왕하다가 결국에는 죽어 갈 때 쯤, 지나 온 삶을 후회하며 한탄 속에 죽어간다는 것이었지요.

그런데 그 어리석은 실수들이 만들어 내는 고난들은 고난에 처한 자기네들은 물론이고 다른 사람까지도 해치기 때문에 사람들 사는 곳 전체에서 그 피해들이 말도 못하게 심각하여 졌다고 합니다. 그 피해들로 인하여 사람들은 물론이고 성까지도 보이지 않는 곳부터 금이 심하게 가면서 서서히 무너져 내리기 시작했다는 것이었지요.

성들에는 무시무시한 동물 그림자들이 성 구석에서 안 보이게 살아간다고 합니다. 이 무서운 그림자들은 성들을 완전히 무너지게 하여 멸망토록 한 후에 이 세상을 하나로 묶어 그 위에 자기네들이 신으로 군림하며 모든 사람들을 자기네 지배 하에 영원히 두려고 한다는 것이었습니다.

하노는 무슨 말인지 못 알아들어 노인이 약간 제 정신이 아니구나 하였지만 이미 그림자를 알아 본, 그림자 하나는 그것을 듣고 심각한 모습으로 색 바랜 노인의 말을 정성스럽게 듣습니다.

노인의 말은 점점 진지해지기 시작하였습니다.

이러한 그림자들의 음모에서 사람들을 구해 줄 구원자가 나타나 활동을 시작하는 곳에 하늘이 징조를 보내주는데 그 징조는 일곱 색을 가진 큰 별빛이 사막에서 거꾸로 위로 솟아올라 하늘까지 오르며 세상을 비춘다는 것이었지요. 하나는 이때 자기가 사막에서 본 빛을 기억하며 가슴이 두근거리기 시작하였습니다. 하나는 노인의 말을 더 열심히 집중하여 듣기 시작합니다.

노란 성에는 남을 가르치는 계층의 원로가 다섯 명이 살고 있었답니다. 이들은 언제나 노란 성에서 일어나고 있는 한심한 일들에 대하여 걱정을 많이 하고 해결책에 대하여 항상 논의를 하여왔다고 하네요. 그들도 인간이었기에 어리석었지만 그래도 그 노인들은 자기네 자신이 어리석은 것을 알았기에 남들 보다는 현명하였다고 합니다. 그래서 나름대로 현명한 판단으로 서로 상의하며 문제들을 해결하려고 노력을 하여왔는데 다섯 노인 이외의 다른 이들이 별로 협조를 안 하는 탓에 번번이 그들만의 걱정 수준에서 그치게 되어 노인들은 그동안 낙담만을 하여왔다는 것이었습니다. 이들은 언제 부터인가 그들 자신들에게서 희망을 포기하고는, 그저 오랜 시간을 기다려 온 구원자가 나타나 자기네들을 구원해 줄 때만을 기다리던 중에, 노인 다섯 명이 어느 날 같이 모두 먼 사막에서 일어나는 빛을 알아보고는 구원의 왕자를 찾아 나서게 되었다는 것입니다.

그런데 자기 동료 노인 네 명은 네 번째 세 번째 성을 힘들게 건너 두 번째 성에서 첫 번째 성을 건너가는 중에, 그 꼭대기 다리로 올라가려는 사람들에게 뒤에서 밀려 강으로 떨어져 모두 죽고 자기만 간신히 도망 나와 살았다는 것이었지요. 노인 생각에는 성들의 그림자들에 의하여 노인 동료들이 죽임을 당한 것이 분명하다는 것이었습니다. 그림자가 노인들을 알아보고는 죽인 것인데 이 색 바랜 노인은 자기의 옷이 유난히 색이 바래 그 살인 그림자들이 아마 잘못 알아보는 사이에 얼른 도망 나올 수가 있었다며 그때 당시가 생생히 생각이

나는지 덜덜 떨어가며 빨리 말을 하고는 가슴에 손을 얹고 헉헉거리며 숨을 몰아쉬었습니다.

노인은 잠시 쉰 뒤에 숨을 고르며 억지로 말을 이었습니다.

전설에 의하면 그 왕자는 마지막 성 보라 성의 왕자로서 원래는 무지개 성의 왕자이었답니다.무지개 성은 일곱 성 사람들이 모두 가서 살고 싶어 하는 행복의 성으로 전해져 내려왔다지요. 이 성 사람들은 매우 평화롭게 살았답니다. 그러한 모습에 괴물 그림자가 시기를 하기 시작한 후로는 그 괴물의 입김으로 사람들이 서로 시기하여 사람들의 평화가 서서히 깨어지기 시작하였고요. 이런 모습을 보고는, 평화를 지키기 위해 왕과 그의 군사들은 검은 그림자 괴물 전면에 나선 군사들과 오랜 세월을 끊임없이 전쟁을 하여왔다는 것이었습니다.

친구가 나를 몰아칠 때
친지가 나를 괴롭힐 때
이웃이 나를 조여올 때

항상 거기 밑 바닥보면

*** 시기라는 찌꺼기가**

무지개 성 왕은 나이가 들어서도 후사가 없었으나, 왕 나이 육십, 왕비 나이 오십에 아이가 들어섰답니다. 나라에 이 보다 큰 경사가 없었지요. 왕비가 만삭이 되어 모두가 그렇게나 기다리던 아이를 낳았는데 그 아이는 사람이 아니고 그림자였다는 것이지요.

그림자 왕자.

태어났을 때 이마에 무지개 색이 영롱했던 그림자 무지개 왕자.

그림자를 낳은 왕비와 이를 본 왕은 몹시 놀랐고 왕은 이 사실을 비밀에 붙일 것을 엄명합니다. 그러나 오랜 전쟁이 있던 나라에서는 항상 첩자가 있게 마련입니다. 이런 이야기는 첩자에 의하여 괴물 그림자에게 알려졌고 괴물 그림자 군사들은 그들에게만 전설로 내려오는 그들의 적, 구원자 그림자 아기를 죽이기 위해 대대적 기습을 준비하였답니다.

그러나 괴물 그림자 집단에도 무지개 성의 첩자가 있어 이 사실을 왕에게 급히 거꾸로 알립니다. 이러한 습격 소식을 들은 왕도 자기 아들이 구원자라는 것을 알게 되고 태어난 지 얼마 안된 그림자 왕자를 살리기 위해 급히 몰래 피신시키려고 합니다. 왕비는 어린 왕자하고 헤어지기가 싫어 이런 왕의 생각에 반대하였지만 왕의 설득에 마지못해 왕자를 안전한 피난처로 보내려합니다.

왕에게는 남자 동생이 하나 있었는데, 이 동생은 아주 거만하기 짝이 없어 모든 사람들이 싫어하자 자기가 차기 왕이 될 수가 없음을 알고 자기의 추종자들을 데리고 무지개 성을 나와 보라 성을 점령하고 자기의 나라를 세웠다고 합니다.

동생인 보라 성 왕도 후사가 없었습니다. 그래서 혹시 무지개 왕에게 후사가 있으면 자기의 보라 성도 다스려 달라고 말해 왔다고 하네요. 하지만 이런 말은 그저 무지개 왕국과 좋은 관계를 맺으려는 책략이었고 사실은 자기가 무지개 왕국과 관계를 잘 맺고 있다가 무지개 왕국에 무슨 큰 허점이 생길 때 자기가 다시 돌아와 무지개 왕국을 다스리고 싶어 하였다고 합니다.

무지개 성 왕은 무지개 징표를 띤 돌로 된 목걸이를 왕자의 목에 걸어주고 왕비의 여동생에게 왕자를 돌보라며 왕자와 함께 보라 성으로 피신을 시킵니다. 그러나 보라 성 왕은 이런 저런 정보를 듣고는, 괴물 그림자가 공격하려는 혼란한 이때야 말로 자기가 오랫동안 기다리던 기회라고 생각합니다. 자기가 다시 무지개 성에 돌아가 무지개 성의 왕이 될 수 있다는 확신이 선 것이지요.

보라 성에 도착한 왕비 여동생은 보라 성 왕에게 봉변을 당하여 감옥에 갇히고 맙니다. 여 동생은 자기가 감옥에 갇히기 전에 낌새를 알아차리고는 그림자 왕자가 보라 성 왕에게 죽임을 당하기 전에 큰 풍선 바구니에 왕자를 넣고 바람에 날려 간신히 피신시켰고요.

왕자가 탄 풍선은 바람에 이리저리 떠돌았습니다. 아무것도 모르는 그림자 왕자의 풍선은 그렇게나 바람결에 이곳저곳을 헤매다가 바람이 서서히 빠지고는 남쪽나라 숲속에 내려앉게 되었답니다.

풍선바구니 속의 왕자는 숲속의 새가 키워주었다네요.

숲 속의 새 중에 유일하게 젖을 먹이는 큰 새가 있었습니다. 이 큰 새는 다른 새들하고는 전혀 다르고 이상하게 생겼다고 합니다. 날개가 한쪽밖에 없는 새였는데 이 날개가 왼쪽으로 갔다가 오른쪽으로 갔다가 하는 신기한 새였답니다.

두 날개가 없어도 한쪽 날개로 다른 새들보다도 더 잘 날아다니는 매우 큰 새.

이 매우 큰 새는
자기의 큰 알들이 알에서 깨어난 후에 둥지에 떨어진 그림자 왕자를 한참 쳐다본 다음에 자기의 새끼들과 함께 왕자를 함께 키웠는데 유난히 왕자를 사랑하였다고 합니다.

이 큰 새의 젖을 먹고 자라는 그림자 왕자는 자라며 점차 사람의 모습이 되어갑니다. 자기의 형제들과 달리 날아다니지 못하는 왕자를 불쌍히 여긴 큰 새는 항상 자기 등에 왕자를 태우고 소년이 될 때까지 왕자를 극진히 키웠답니다.

그후 왕자는 청년이 된 후에 스스로 생활하기 시작하였는데 어느 날 큰 새는 청년 왕자를 큰 입으로 물어다가 성들이 보이는 입구에 놓아두었다고 합니다. 그러자 그 새의 한쪽 날개가 더 생기며 큰 새는 두 날개로 하늘을 힘차게 날아 올라가며 '하노!' 하고 소리쳤답니다. 바로 그때 무지개 별빛이 땅에서 솟아나기 시작했고요.

청년 왕자 하노는 이때부터

세상을 구원하러 첫째 성부터 시작하여 차례로 일곱 성을 순례하게 될 것인데 이 순례를 한 후에 결국 세상을 구원한다는 것이었습니다. 이러한 이야기는 처음 보라 성과 무지개 성의 첩자들 사이에서 은밀히 퍼져 나가다가 성들의 모든 사람들이 알고 믿어져 왔었답니다. 전설에 내려오던 그 구원의 왕자가 곧 자기네 앞에 나타나기만을 기다리고 있었던 것이지요. 그 무지갯빛을 알아보고 곧 왕자를 볼 것이라고 확신하다가 살아남은 사람은 색 바랜 노인이었고요.

이런 말을 숨이 차게 한 색 바랜 노인은 무지개 왕자를 알아본 최초의 사람이 바로 자기라며 말은 너무도 힘겹게 하면서도 얼굴은 매우 행복해 보였습니다.

이 노인은 왕자가 아주 힘차고 진한 그림자를 가지고 있다는 말을 할 때는 너무 흥분하여 또 몸까지 덜덜 떨게 됩니다.

"이것 보세요.
제 그림자보다
이 나무 그림자보다
훨씬 진한 것 보이시지요? 왕자님."

그제야 하노가 입을 엽니다.

"저는 그저 저의 출신도 잘 모르는 떠돌이 순례자일 뿐입니다. 어르신께서 이야기하시는 그 왕자는 제가 아닌 것 같습니…." 하면서 하노는 말끝을 흐립니다.

하노가 보니
정말 자기 그림자가 너무 진한 것이 이상하게 느껴지기 시작하면서 갑자기 자기가 그동안 까맣게 잊고 지냈던 어렸을 때 생각이 잠시 났기 때문이었습니다.

그러다가

하노는 노인이 한 말 중에 자기의 부모가 있는 무지개 성, 그 원수 괴물 그리고, 보라 성의 왕 이야기 게다가 구원….
이런 복잡하기만 이야기들에 대한 생각들로 하노는 그냥 그 자리를 급히 피하고 맙니다.

색 바랜 노인은 자리를 황급하게 피하는 하노를 향하여 목소리를 높입니다.

"왕자님 왕자-니-이임~ 목걸이를 보세요. 왕자님~" 하며 쫓아왔지만 걸음을 억지로 걷던 노인은 빨리 피한 청년 하노를 찾지는 못하였습니다.

하노는 그 이야기를 들은 후에 방황을 합니다.

하노가 방황을 하기 시작한 것은 그 목걸이가 그만 서서히 무지개 색을 띠기 시작했기 때문이었습니다. 그 목걸이를 보며 하노는 깊은 생각에 빠집니다.

그러면서 잠시 생각이 났었던 어렸을 때의 기억들이 생생하게 돌아오기 시작하였습니다. 왜 큰 새가 자기를 일곱 성 앞에 놓아두고 돌아갔을 때 이전의 기억이 사라졌었는지는 몰랐지만 이제 기억이 돌아오며 다시 자세하게 자기의 모든 것을 알게 되었던 것이지요.

그림자
숲 속의 큰 새와 형제들
목걸이

하노는 목걸이를 만져 봅니다.

자기의 목에 항상 걸려 있던 그냥 목걸이.
어렸을 때부터 걸려 있던 작기만한 돌 목걸이.
그림자였을 때도
그림자에서 서서히 사람으로 변해갈 때에도
변해가는 그 모습을 스스로 지켜보며 너무도 괴로워할 때에도
항상 자기의 목에 걸려 있던 작은 바로 그 목걸이.

하노는 그 목걸이가 유일한 위안이었습니다.

'자기가 누구인지
자기가 어디서 왔는지
내가 무엇을 해야 하는지
내가 어디로 가야 하는지
내가 어떻게 될 것인지'

에 대한 어떠한 답을 줄 것이라는 막연한 기대가 항상 있었기 때문입니다.

하노는 다섯 성들의 사람들이 모두 고통을 받고 있는 것을 직접 체험한데다가, 노인이 한 이야기대로 그 고통에서 벗어나게 할 사람이 정말 자기가 아닐까 하는 생각도 들기 시작합니다.

그러다가,

'내가 무엇을 할 수가 있단 말인가?' '나 하나도 이렇게 괴로운데 내가 어떻게 남을 구원한단 말인가?' '색 바랜 노인은 미친 노인일 뿐이고 나를 잘못 보았을 것이다'

이렇게 또 다르게 생각하다가

다시 점점 더 무지개 색이 영롱해지는 목걸이와 짙은 그림자를 보며 또 다시 노인의 말을 되뇌이게 됩니다. 하나 그림자도 자기 그림자를 스스로 보며 하노와 같이 계속 고민하기 시작했지요.

'왜 그림자가 진할까?
내가 진한 것인가?

하노가?
그럼 나와 하노는?'

하노는 고민에 고민을 하다가 갑자기 벌떡 일어납니다. 그리고는 큰 집 뒤에 짙은 자기 그림자를 숨기려 합니다. 그런데 더욱 놀라운 일들이 일어나기 시작했습니다.

하노가 큰 집 뒤에 숨으면 큰 집 그림자가 하노만큼 없어지는 것이었습니다. 집 뒤에 숨으면 하노 그림자가 없어져야 하는데 말이지요. 이번엔 큰 나무 그늘에 숨었더니 똑같이 하노 그림자만큼 나무 그늘이 없어지는 것이었습니다.

하노는 더 두려워지기 시작합니다.

그림자 이야기가 맞는 것이고 그렇다면 그 색 바랜 노인의 이야기도 다 맞는 이야기가 될 수 있다는 생각에 하노는 잠을 못 이루는 나날을 보냅니다.

하나 그림자도 그 동안 하노를 따라 다니며 하노가 어떤 사람이라는 것을 대충 알다가 이제는 그가 특별한 사람이라는 것을 서서히 느끼게 되며 그렇게 잘 자던 잠도 설치게 됩니다.

잠은 중요한 단서이다
그대 마음이 제대로 인지
그대 영혼이 잘 못 되고 있는지

잠을 이루지 못할 때
그대는 중요한 결정하지 말아야 한다
그대에게 필요한 것은 오로지 배낭하나
그저 일단 떠나야 한다

잠을 위하여
나를 위하여
그들을 위하여

* 늙은이 요긴한 충고 3

그렇게 며칠을 지낸 후, 하노는 노란 성을 빠져 나오다가 이번에는 하나 그림자가 아닌 하노 자신이 노란 성의 그림자 괴물을 직접 알아보게 됩니다.

다리는 세 개가 달린 괴물인데
머리는 네모나고 등 뒤로 생기다만 긴 뿔이
나란히 달려있었습니다.

이 그림자는 아이들부터 청년들까지 그들의 그림자들을 골고루 휘감아 다니고 있었습니다. 하노가 이 그림자에게 달려가자 이 그림자는 금세 자취를 감추었습니다. 하노는 그림자를 찾아다니다가 못 찾고는 지쳐서 다음 성을 찾아 떠납니다.
여섯 번째 성을 들어가며 하노는 그때서야 알아차립니다.

사람들이 지쳐가고 있다
지쳐가는 것도 모르는 채

이제

사람들은 서로 믿지 않는다
인간들은 항상 불안해 하며
누구나가 불만 가득 차있다
사람들이 불화로 비틀거린다

* 사실 아닙니까 3

다섯 성에 사는 사람들이 고통의 삶을 사는 것은 그 성 사람들의

그림자들이 괴물 그림자들에게 고통을 당하고 있었던 것을 말이지요. 하나가 그동안 느꼈던 감정을 하노가 그때서야 그대로 받아들이게 되었습니다.

여섯 번째 성은 초록색 성이었습니다.

초록 성 사람들은 모여 있지 않았습니다. 여기 사는 사람들은 성 여기저기에 난 풀에, 매캐하고도 숨이 턱턱 막히는 이상한 냄새가 나는 초록색 액체를 뿌리고 있었습니다. 그렇게 된 풀을 조그만 우리에 가둬진 동물들이 먹고 있었습니다. 사람들은 그렇게 자란 그 동물들의 초록색 고기를 초록색 식탁에서 먹으며 살고 있었지요. 지나가는 기계에서도 마구 초록색 연기가 나오고 있었습니다.

땅 여기 저기 에서는 갑자기 빨간 액체가 나오는데 사람들은 얼른 진한 초록색 가루를 뿌려 버리고 그 빨간 액체를 아무렇지도 않게 생각하는 것이었습니다. 빨간 액체는 사람들이 땅을 꼬챙이로 찌르고 불 지르며 매캐한 냄새들로 맵게 하여서 땅에서 나오는 것이었습니다. 땅은 아파서 몸을 비틀기도 하고 빨간 액체도 흘리면서 때로는 아프다는 소리를 둥글게 돌아가는 바람소리로 대신하였는데 사람들은 그때마다 더 진한 초록색 액체와 가루를 뿌리는 것이었습니다.

그 성 사람들은 참 초록색을 좋아하는 사람들이었습니다.

땅은 너무 힘들어서 흔들리고
바람도 너무 고통스러워 뒤틀려 말려 올라가고
바다도 너무 고달파서 갑자기 거품 물며 넘쳐흐르고

*** 얼마나 더 자주해야 느끼려나 1**

이상한 병균들 나타나 생명체들이
하나 둘
더 독한 독성 써도 안 죽는 박테리아들이
셋 넷 다섯
예방보다 먼저 퍼져가는 그 수많은 약 없는 병들
여섯 일곱 여덟

* 얼마나 더 자주해야 느끼려나 2

그리고 그 초록색 액체와 가루는 성 사람들이 무엇이든지 금세 잊어버리게 하는 작용도 있는 것 같았습니다.

수억만 년 서서히 조화 속
균형 이루어 생존해 온 인류

달랑 이백년 사이에

* 대단한 문명

땅이 사람들에게 호소를 하다가 이젠 사람들이 관심도 가져 주지 않기 시작하자 화가 날대로 나서 사람들을 자주 무섭게 합니다.

'기상관측 이래 최고' 라는 단어들 아래
한 달이 멀다 하고
폭염 가뭄 홍수 혹한 폭설 태풍 토네이도 쓰나미 이상기후가
일 년에 수없이 쏟아지는데도

* 정말 내 일이 아닐까

땅의 그 무서운 행동으로 사람들이 번번이 수없이 죽어도 사람들은 초록색 가루와 액체 때문에 단 일주일이면 그 엄청난 일들을 모두 잊어버리고 있었습니다.

심각함 느끼는 생존 감각

한 달이 멀다 하고가 아니고
하루가 멀다 하고 될 때나
되어서야

그때나 되어서야

* 동물적 위기 감각 상실

그 기가 막힌 일들이 조금만 멀리서 일어나면 자기 일이 아니라고 생각하여 왔으며 이젠 자기 곁에서 그런 일이 자주 일어나도 그런 것을 심각하게 느끼는 감각조차 없어진지 이미 오래되고 말았지요.

벌들 떠나갑니다
꽃들 떠나갑니다

작물 떠나갑니다
생명 떠나갑니다

* 감각 실종 2

초록 성을 보며 한숨만을 짓던 하노가 보름달을 보며 혼자 있을 때 하노의 그림자가 무지개 색을 띠기 시작했습니다. 하나도 자기가 무지개 색을 띠는 것에 대하여 놀라기 시작했지요.

하노는 이제 감각이 예민해집니다.

남들이 보지 못하는 것을 보고
남들이 듣지 못하는 것을 듣고
남들이 느끼지 못하는 것을 느낍니다.

하노와 하나가 보니, 땅은 살아있는 생명체였습니다. 숨도 쉬고 몸도 움직이며 싫으면 싫다고 좋으면 좋다고 분명히 말을 하는 생명체였습니다.

하노는 드디어 자기가 구원자라는 확신을 갖게 됩니다.
지금 지구가 얼마나 위험한지
지금 땅 위에 사는 사람들이 얼마나 위험한지를
알리고 지구멸망을 막아야 한다는 결심을 굳히게 됩니다.

하노는 그동안 만나는 사람에게 틈 있을 때마다 초록색 꽃밭이 어디 있냐고 물어 보는 자기 자신이 이상했었습니다. 하나가 초록색 꽃밭을 찾기 때문이었지요. 하노는 그러는 자기 자신이 이해가 안 되었지만 열심히 초록색 꽃에 대하여 사람들에게 물어 봅니다. 하지만 사람들은 고개를 가로저을 뿐 제대로 말대꾸도 하여 주지 않았습니다.

'아니 잎이 초록색이지 무슨 꽃이 초록색이람?'

하노가 묻는 모습이 너무 진지해 보였지만 사람들은 생긴 것은 멀쩡하게 생긴 사람이 미친 모양이군 하였지요.

하노는 초록 꽃이니 초록 성에 있을 것이라며 초록 성에서 더욱 더 열심히 물어 보았지만 그 누구도 초록 꽃을 본 사람들은 없었습니다. 아무리 노력해도 아는 사람을 찾지 못하자 초록 성에서 초록 꽃을 찾는 것을 포기한 하노는 자기의 성이라는 일곱 번째 성으로 갑니다.

초록 성을 나오며 초록성에 드리운 그림자를 보려고 하였으나 그림자는 보이지 않았습니다. 하나도 속으로 하노가 이제 그림자의 실체 같은 것을 비롯하여 모든 것을 알기 시작했으니, 그림자가 경계하여 보이지 않는 것이구나 하였지요.

일곱 번째 성, 노인이 이야기 한 보라색 성이었습니다.

하노는 여섯 성을 순례한 뒤에 이제 자기가 떠났던 성에 다시 온 것이었습니다. 하노가 항상 목에 걸고 다니던 왕자 목걸이 뒤에는 노인이 차마 이야기 못한 숫자가 새겨져 있었습니다.

5●5

하노가 아침에 일어나 보라 성을 향하여 걸어가는데 그 숫자 5●5가 빛이 나는 것이었습니다. 하노는 그 숫자가 무엇을 뜻하는지 몰랐었지요. 5●5는 하노가 보라색 성에 다시 돌아오는 날짜였었습니다.

옛날부터 내려오던 전설에 의하여 매년 5●5, 그날 성 사람들은 구원의 왕자님을 기다리는 것이 축제처럼 되어있었지요. 그런데 하노가 성 입구에 들어서자 성 입구를 지키는 군사들이 놀라며 황급히 팡파르를 울리면서 환영을 하였습니다.

성지기 군사들이 먼저 다른 여섯 성 사람들하고는 다르게 하노가 입은 일곱 가지 옷 색을 모두 알아보는데다가 하노의 징표에서 무지개 색이 환하게 비추어 지고 있었기에 군사들이 확신을 갖고 먼저 나

팔을 불며 성 사람들에게 알렸던 것이었습니다. 그날 보라색 성 사람들은 모두들 모여 있다가 그 나팔소리를 듣고 어른들은 물론이고 아이들까지 급하게 길거리로 나와서 하노를 기다리게 됩니다.

성 사람들은 하노를 한 눈에 알아보게 되었지요. 그리고는 하노 앞에 엎드리며 환영을 하였습니다. 군중들은 하노가 가는 길에 보라색 아이리스 꽃잎을 깔아 하노는 흙을 하나도 밟지 않고 꽃잎만을 밟으며 그 성에 들어가게 되었고요.

그 성에는 다른 꽃은 안 피고 오직 보라색 아이리스 꽃만 볼 수 있었답니다. 하나 그림자는 그 꽃들 그림자를 보며, 이 성에 많았던 여러 색의 꽃들과 꽃 그림자들은 서서히 없어지고 오로지 보라색 아이리스만 보라 성에서 살아남았던 것을 알 수 있었습니다. 이 보라색 아이리스는 각각 세 가지 다른 모습의 꽃잎을 가지고 있었습니다.

옆으로만 퍼진 꽃잎

아래로만 퍼진 꽃잎

위로만 퍼진 꽃잎 이었지요. 보라색 성안에는 색이 바래서 보라색인지 아닌지 헷갈리는 옅은 보라색을 띈 작은 세 성이 따로 따로 있었는데,그 작은 성 속에서는 각각 옆으로, 아래로, 위로 퍼진 모두 다른 모양의 그 꽃잎 보라색 아이리스들만 자라고 있었던 것입니다.

그리고 첫째 작은 성 입구에는 큰 깃발이 휘날리고 있었습니다. 그 깃발에는 ‘ — ’ 표시가 되어있었지요.

둘째 작은 성 입구에는 첫째 성보다 더 큰 깃발이 많이 달려 있었습니다. 그 깃발에는 실이 헝클어진 모습이 그려져 있었고요.

세 번째 작은 성 입구에는 둘째 성보다 더욱 더 큰 깃발이 달려 있었습니다. 성 입구의 절반을 가리는 거대한 깃발이었습니다.

그 깃발에는 검은 구름 모양의 문양이 그려져 있었습니다.

하나는 보라색 광장 앞에 서서 작은 성 입구에 휘날리는 성의 깃발 그림자들을 천천히 봅니다. 첫째 깃발은 원래는 '+'이었다가 이 '+'가 '='로 변했고 시간이 지나면서 결국은 '—'로 바뀐 것이었습니다.

시작은
하늘과 땅
이웃이 서로 만나는 + 사랑이었었다

그러다가
서로 쳐다만 보며 만나지 못하는 평행선이 되고 말았고

지금은
안타깝게도 나에게도 너에게도 우리 모두들에게 마이너스로

*** 그 고귀한 정신 어디로**

둘째 깃발도 처음 모양은 달랐습니다. 처음에는 태양, 흐르는 물, 둥글게 회전하는 모양이었었지요. 셋째 깃발도 시작은 달과 별이 그려져 있었으나 이것이 서서히 검은 구름 모양으로 바뀐 것이었습니다.

그 세 작은 성들의 깃발 아래에는 한결같이 바싹 마른, 그야말로 피골상접한 병들고 먹지 못한 사람들이 많이 모여 있었습니다.

그 마른 사람들의 눈동자에서는 이미 '희망'이라는 단어조차 파삭파삭하게 말라 증발된 지 오래 되었지요.

선량한 민중들은 너희에게서 희망을 보고 양심과 정의가 보이길 바란다
너희 자신들에게 물어보라 너희들이 지금 희망을 주고 있는지
또 물어보라 너희들이 언제 양심이 있었고 정의로웠는지

* 너희에게 묻는다 2

보라 성 사람들은 그들 지도자들이 시키는 대로 일 년에 몇 번 자기네들이 먹다가 남은 부스러기를 조금 떼내어 그들에게 주며 생색은 있는 대로 다 내었고 그렇게 하면 지도자들 가르침대로 자기네들이 천국에 들어간다며 만족해하며 그 마른 사람들 주위를 빙빙 도는 것이었습니다.

이 세상 제일 기가 막힌 말
굶어 죽는다는 말
먹을 것 없다는 말
먹을 것 없어 병까지 난다는 말
너희들 진정 믿음의 부스러기라도 있다면
예수가 돌보았던 저들을 부스러기 취급할까

밤하늘 보이지 않게 메운 그 많은 붉은 십자가
그대들 믿음이 죽었다는 공동묘지 표시 아닌가
교인들에게 나올 돈을 미리 앞당겨 계산하여
신도 수 두당으로 권리금을 얹어 팔고 사고
이익을 창출하며 대형공동체를 추구하는 너희들 교회는
이미 예수가 둘러엎은 장사판이 된지 오래되었다

* 개탄 할 일 2

작은 세 성의 사람들 지도자들은 모두 같은 이름 '니폼 유' 라고 불렸는데 이름이 '니폼' 이고 성이 '유' 였습니다. 성마다 각각 독특하게 만든 똑같은 모양의 옷을 입고 다니면서 누구나 한 이름으로 불린다는 것이 이상하였지요. 그 니폼 유들 앞에서 그 성의 백성들은 모두 머리를 조아리고 허리를 굽히며 살아갔습니다. 그 니폼 유들은 남들이 보도록 항상 가슴에 금색의 책을 품고 다녔습니다.

하노는 그 사람들이 항상 품고 다니는 책들은 무엇일까 궁금하였습니다. 처음에는 성 사람들이 그 책을 구하기가 힘들었다고 하네요. 하노는 성 사람들에게 부탁하여 그 세 성의 금색 책 세 권을 구하여 자세히 천천히 읽고 또 읽어 보았습니다. 세 책들에는 그들의 스승 이야기들이 가득 적혀 있었지요.

세 책을 모두 차례차례 읽은 하노는 많은 감명을 받았습니다. 그 스승들의 한결같은 숭고한 정신에 감복하며 '이 세 성의 사람들은 참 행복하구나.' 하였지요. 하나도 하노가 이 성의 왕자라는 데에 대하여 참으로 기뻤습니다.

하노는 기쁜 마음에 이 니폼 유들과 가깝게 지냅니다. 그러나 하노는 시간이 지날수록 그 니폼 유들을 이상하게 생각하기 시작하였습니다. 니폼 유들과 가깝게 하면 가깝게 할수록 더 실망하게 되었고요. 이상하게도 그들은 하노가 읽은 금색 책들에 나오는 스승들의 이야기와는 정반대의 행동으로 살아가는 사람들이었기 때문이었습니다.

하노는 실망감 속에서 보라색 성들에서 제일 나이가 많은 원로 세 명을 초청하여 큰 나무 밑에서 이야기를 나누게 됩니다. 그 원로들은 한결같이 얼마 살지 못할 것 같은 많이 늙은 사람들이었습니다. 그 원로들은 자기네들이 이제 죽을 때나 되어서야 정직한 말을 하게 되었다며 한숨부터 쉬며 말을 하기 시작하였습니다. 원로들은 한결같이 니폼 유들에 대한 불만을 내어 놓기 시작하였습니다. 그 니폼 유들은 보라색 작은 성 사람들끼리 서로 어울리지 못하게 하며 서로 싸우도록 하는 일을 우선적으로 하는 사람들이라는 것이었습니다.

너희들은 경건한 수도복으로 부른다
검고 희고 그리고 먹물 색
섬기려온 스승 안 입었던

나는 그저 비싼 유니폼으로 보인다
마냥 존경받으려 디자인된
오만과 가식으로 얼룩진

* 스스로 양심에 물어보라

이 니폼 유들이 안 그런 척 하면서 사실은 은근슬쩍 작은 성 사람들끼리 서로 죽이며 싸우도록 만들어 왔었다는 것이지요.

자기네들만이 유일하다고 믿는

하늘아래 태양 두 개 있을 수 없다며
벌어진 전쟁 전체 전쟁의 십 분의 칠

사람 살리는 일을 하는 종교일까
사람 죽이는 일을 한 종교였을까

지금도 아마 십 분의 칠 종교인들
아직도 섬뜩한 총 칼 여기저기서
무서운 눈총, 말 칼로 예서 제서

쉬지 않고
매일매일

그런데 어쩌지요
하늘 아래 태양은 엄연히 여러 개 있는 걸

* 지칠 때도 넘었건만

원로들은 니폼 유들을 가까이 지내며 너무 괴로웠었다고 한탄하였습니다. 이 니폼 유들은 사랑하지 않은 니폼 유일수록 사랑을 말하며, 용서하지 않는 니폼 유일수록 용서하라고 하고, 불화를 조장해 나가며 평화를 해치는 니폼 유일수록 평화를 강조하는 이중인격자들이라고 걱정을 많이 하였습니다.

그들이 묵주 굴리느니
차라리 그 시간에 쓰레기를 줍는다면

저들이 염주 돌리느니
오히려 그 시간에 자기 오물 치운다면

남 안 보는 곳에서 아무 말 없이 말이다

* 신앙심 발현

부처를 알면 알수록
사찰이 싫어진다.

예수를 사랑할수록
교회가 멀어지며

이슬람 공부할수록
가물거리는 사원

* 희망은 어디에

스승들은 거기 없다
조직 깔려있는 곳

가르침은 거기 없다
권력 난무하는 곳

* 왜 없는 곳에 발길이

큰 십자가를 목에 걸고 길 나서는 사람 있다
묵주 손에 항상 꼭 쥐고 다니는 사람도 있고

예수는 정말 그 목에서 탈출하고 싶을 거다
성모는 그 손 벗어나 멀리 가고 싶을 것이고

* 위선 하는 사람일수록

밥그릇 챙기는 그들의
조직과 권력의 볼모로

수도원 교회 사찰 사원에
감금되어 아무것도 못하는

신을 구하자

* 왜 기도가 이루어지지 않는지

여기에도
저기에도
예수를 말하는 사람은 너무나 많다
그러나 예수를 느끼게 하는 사람은 별로 없다

이 교회를
저 교회를
예수는 일흔 일곱 번 넘게 용서하다 이젠
지칠대로 지쳐 떠난지 참으로 오래되었다

* 교회에서 하는 기도는 이루어지지 않는다

걱정을 많이 하는 원로들과 헤어진 후, 하노는 스승들의 가르침과는 정반대인 니폼 유들 행동을 보아가며 그들 하는 데로 성 사람들이 서로 서로 따라 하는 것을 보고 마음 아파합니다.

앞에 나선 이 입으론 용서하라고
자기는 안 하면서

앞에 선 이 목소리 높여 사랑을
자기 사랑 없으며

마이크 잡은 손 평화 외치면서
분열 부추기기만

왜 그들은 스승 같지 않을까
왜 그들은 스승들 정반대로

* 믿음이 없는 게야 확신이

이 세상에는
종교만 있다
신앙은 없고

*너희들 양심에 묻는다 2

너희들에게 신앙이 있었다면
이 세상 기아는 이미 해결되었어야 하고
분쟁과 폭력은 벌써 사라졌어야 하지 않는가

*너희들 양심에 묻는다 3

보라 성에는 다른 성과 달리 큰 호수가 있었습니다. 그 호수는 보라색 물을 담고 있었지요. 하노는 밤에 보라색 호숫가에 앉아 그들의 스승이 이 땅에 다시 온다면 이들을 보며 어떤 마음이 제일 먼저 들까 생각해 봅니다.

오늘 예수가 다시 왔다면
무엇을 제일 먼저 하실까

교회부터 다 팔아서
굶어 죽는 아이부터

* 재림 예수

보라색 성마저 이렇다면 다른 성들은 어떻게 구원할 것인가…. 어디서부터 시작하여야 한단 말인가…. 하노는 이런 생각들을 하고 있다가 문득 호수의 물을 들여다보고 놀랍니다.

보라색 물에 비춰진 하노의 곁에 있는 아름다운 여인. 긴 머리의 하나를 보았기 때문입니다. 하노는 얼른 호수 물에 비친 하나를 보기 위하여 자기 곁을 보았습니다. 아무도 없었지요. 그의 곁에는 하노의 그림자밖에는 없었습니다. 그러나 그 그림자 모습이 참으로 아름다웠습니다. 무엇이라고 꼭 자기의 감정을 표현은 하지 못하였지만 하노는 그 그림자를 보며 물에 잠깐 비춰진 여인이 생각나서 자기의 마음이 크게 사랑스러워짐을 느꼈습니다. 하노는 이런 마음이 처음이었지요. 하노는 속으로 자기 자신에게 말합니다.

"아, 이런 감정은 무엇일까?"
"여태껏 살아오면서 처음 느껴본 이 기분."
"왜 이다지 가슴이 두근거리며 저절로 빨라질까?"
"왜 다른 생각은 할 수가 없을까?"
"눈물이 저절로 나오는 이유가 무엇일까?"

물에 비친 하나가 사라졌지만 하노는 하나의 모습이 어른거려 다른 세상 걱정을 할 수가 없었습니다. 그러한 하노의 모습을 보며 하나는 그림자로서 그냥 하염없이 울기만 합니다. 하나도 그 순간 자기가 하노를 얼마나 사랑하여 왔나를 확인하게 되었던 것입니다.

하나는 이제 자기가 먼저 다가갈 때라고 마음을 굳게 다짐합니다.

하노는 자기가 잘못 보았나 하면서도 하노가 잠시 본 하나의 모습만을 생각하느라 밤새 한숨도 못 자다가 새벽녘에 잠시 넋을 놓고 잠이 들게 됩니다. 새벽녘 이슬에 젖은 하노가 추위를 느끼며 일어나는 순간, 호수 물위로 걸어오는 선녀 같은 여인을 보고 놀랍니다.

하나였습니다.

하노는 믿을 수 없었지만 물을 건너와 하노 앞에 선 하나를 보고는 어찌할지를 몰라 했지요. 둘이는 서로 그렇게 서로 바라보며 미소만 짓고 있었습니다.

아무 말 없이요.

둘이는 그 순간이 너무 행복했습니다. 아무 말이 필요 없었습니다. 그래서 둘이는 그렇게 서로 해가 질 때까지 호숫가에 앉아 서로 쳐다보며 사랑을 하게 됩니다.

크고도 큰 보름달이 여섯 개나 떴습니다.
하늘에
호수에
하나씩
하노의 눈동자 속에
하나의 깊은 눈동자 속에
둘씩
그 여섯 개의 달로 온 세상은 온통 보름달 세상 같아 보였지요. 그래서 세상이 너무 밝게 보였습니다. 어두움은 세상 어느 한 구석에서도 찾을 수가 없었지요. 둘이는 이런 것이 사랑의 힘이 아닌가 하고 생각하였습니다.

그 다음날 둘이는 서로 말을 하기 시작하였습니다.
성들 사람들 이야기
성 그림자 이야기, 초록 꽃 이야기들 이었습니다.

이렇게 둘이는 일주일이 지났습니다.
하노는 이렇게 하나와 같이 있으면서 행복하였지만,
성들 사람들 이야기 그리고 무서운 그림자 이야기를 하며 마음이 다시 혼란스러워 집니다.
하노는 또 다시 많은 생각을 하게 됩니다.
그 많은 생각과 고민들은 하노를 잠 못 이루게 하였지요.
하노는 잠을 자지 못하며
하나와의 사랑 감정보다는
세상 걱정을 더 많이 하게 됩니다.

많은 생각
멀어지는 행복

적은 생각
다가오는 구원

*** 그대는 지금 어디쯤**

하노가 잠을 못 이루며 사람들을 걱정하는 것을 곁에서 지켜보며 하나도 하노와 같이 서서히 몰락하는 인류를 진지하게 같이 걱정하게 됩니다.

'수시로 자기네 모든 것을 남과 비교하며 저울질하고 시간을 절약한다고 노력할수록 여유시간을 잃어가며…. 중요한 것을 하찮게 여기고 중요치 않은 것들을 소중히 다루고, 언제나 행복을 추구하면서도 불행한 일들만 골라서 하여 간다니…. 그것도 모자라 환경 생태계 파괴로 결국 파국을 향하여 한 발 두 발 다가가는 인류.'

하노와 하나는
각 성 사람들의 모든 마음에 깊숙이 뿌리 박혀 자라고 있는

"불신"
"불안"
"불만"
"불화"
의 불길들이 점점 거세어지는 것들을 되뇌입니다.

사람들은 자기 마음속에 이 가시 돋친 네 가지 검은 씨앗들이 종자가 되어 뿌려지고 독버섯처럼 점점 자라고 퍼져 나가고 있는 줄도 모르고 하루하루 넋 놓고 살고 있었습니다.

사람 세포 깊숙이 퍼져 삶에 '화' 로 뿌리가 박힌 네 종자로 인하여 사람들은 마음을 항상 부글부글 끓여가며 살게 된 것이었지요. 팔팔 끓는 화를 겉으로 마음데로 표현하지 못하는 사람들은 속으로 더욱 분노하여 갔으며 잠시도 안정을 찾지 못하여 혼자로서 존재하지 못하고 항상 무리로 몰려 다녀야만 하는 것이었습니다. 그 무리에게서 또 다른 상처를 받아 더욱 더 분노를 키워나가면서 말이지요.

불신
불안
불만
불화

이 글자들은 서로 시한폭탄처럼 시간들 두고 연결되어 있어 차례로 터지기 시작 하고 여기저기서 사람들이 폭동과 전쟁을 일으키고 있었습니다. 하지만, 성들의 검은 그림자들이 모여, 사람들이 심각하게 못 느끼도록 회색연기에 무지개 색을 뿜어 모르게 하기 때문에 사람들은 그 심각함을 못 느끼고 지내게 됩니다. 그렇게 심각한 일들이 땅 덩어리 곳곳에서 일어나고 있는데도 그냥 하던 어리석은 일들을 평상시와 같이 하고 지내는 것이었지요.

구글을 쳐보면
복잡한지 한참 만에 드르륵 거리며 억지로 나오긴 한다

자기 자신이 어떤 존재인지
전혀 감각이 없으면서도
남만은 매우 잘 안다고 하는

눈썹이 희도록 외로운 것이 당연함에도 외롭지 않은 척
뼈 속까지 처절히 저린데도 미소 지며 아프지 않은 척
슬퍼서 숨도 가누지 못하는 데도 손 모으고 안 슬픈 척
그저 척 척 척 하며 살아가는 척종 (種)

* 현대인 5

게다가
폭염
가뭄
홍수
혹한
폭설
태풍
토네이도
쓰나미로
대혼란으로 빠져 들게 되는 데도 사람들은 변하지를 않았습니다. 이런 모습을 보며 하노는 자기 주머니에 아주 오래되어 빛에 바랜 작은 수첩을 꺼내 봅니다. 한동안 잊고 있었지만 그 수첩은 하노가 큰 새에게 키워졌을 때부터 옆에 있었던 것인데 아마도 하노의 어머니 여왕에게서 하노 왕자에게 전해진 것 같았습니다.

그 수첩 통장에는 숫자가 기록되어 있었습니다.

하노가 성을 순례하며 그 통장을 가끔 열어 보았는데 성을 돌 때마다 그 통장의 숫자가 자꾸 줄어드는 것을 하노도 하나도 이상하게 여겼었습니다. 그 통장에는 이제 숫자 4밖에 기록되지 않았습니다.

그 통장 계정은 희망이었지요.

곁에 있을 때 사랑하지 못하고
앞에 있을 때 용서 구하지 않아

지금 바로 이곳 평화롭지 않고
그 정도 일 때 건강 무시하여

그대는 그 두 글자를 잃는다

*** 희망**

그 통장을 보며 나흘간을 잠을 못 잔 하노는 결심을 합니다.
이렇게 자기 자신들이 어떤 처지에 처해 있는지도 모르고

자기 멸망
지구 멸망

으로 달려가고 있는 사람들을 하루라도

빨리 구해야 한다

는 마음이 생겼습니다.

나만이 이 세상을 구할 수 있다

라고 생각하며 맑은 물을 내서 세상을 정화시키지는 못할 망정 구정물을 일으키는 이들. 입으로 만 그들 스승들 이름을 팔고 행동은 정반대로 하여 세상 민중들에게서 '희망' 마저 빼앗아 가고 있는 보라색 성 사람들에게

화가 나기

시작했습니다. 하노는 이 모든 문제를 자기가 스스로 해결해야 자기가 세상에서 인정 받을 수 있다는

욕심도

일게 됩니다.

급함과
화남
교만과
탐욕의
네 기둥으로 지어진 집에서
무엇을 볼 수가 있을까

*** 삶에서 실패하는 네 가지 이유**

보라 성에서 하노의 마음은 이렇게
급함과 화남

그리고
교만과 탐욕으로 휩싸이게 됩니다.

하노가 마음을 굳혀가고 있는 보라 성의 사정은 미묘한 상태였습니다. 보라 성은 현재 왕이 없었습니다.

보라 성 하노의 삼촌 왕은 하노가 돌아오기 전 삼년 전에 사냥을 나갔다가 왕비와 함께 갑자기 죽고 말았습니다. 왕은 말을 타고 사슴을 쫓다가 길을 잃고는 심한 빗속에 산사태를 만나 측근 부하들과 왕비까지 함께 흙더미에 묻혀 죽은 것으로 되어 있었지만 사실은 살해를 당한 것이었습니다.

삼촌 왕은 작은 보라 성을 통치하느라 적들이 많았습니다. 어린 왕자 하노를 죽이려 한 후에도 자기의 권력을 보전하고자 많은 간교한 책략을 썼었기 때문입니다.

술수에 능한 이들이 있다
머리가 좋은 줄 안다
말솜씨 능숙한 이도 있고
두뇌 명석 한줄 아는

곧 보게 된다
그들 곁에 아무도 없게 되고
그들 하는 일 몰락하게 됨을

*** 곧 드러난다**

보라 성의 작은 성들은 모두 젊은 청년 지도자들에 의하여 간접적으로 통치되고 있었습니다.

솔라, 쥬다스, 카인

이 세 사람들은 말을 아주 점잖게 잘하여 군중들을 쉽게 선동하여 왔습니다. 이들 세 청년 지도자들은 겉으로는 사이가 좋지 않은 것처럼 하였지만 사실은 뒤로 자주 만나 서로의 영토를 확고히 하고자 서로 짜고 일부러 분쟁을 일으키는 등 모략을 도모하는데 서로 협력 하여왔습니다.

이 청년 지도자 세 명은 일단 자기네 위에 누가 군림하는 것을 싫어합니다. 그런데다가 자기네 영토의 세금을 자기네가 독차지 하고 싶어 늙은 왕을 일단 합심하여 몰아내었던 것입니다.

자기네 셋이서 뒤로 서로 협력하며 통치하던 작은 세 보라 성에 갑자기 나타난 하노 소식은 그들을 당황하게 만들기에 충분하였습니다. 이들은 각각 작은 성들을 통치하다가 언젠가는 전체 보라 성을 자기네가 통치하려고 골몰하던 차에 오히려 자기네 작은 성들마저 빼앗길 위험에 처하고 말았지요.

하노가 성에 나타난 후 세 성의 원로들은 물론이고 일반 성 사람들도 삽시간에 하노에게 관심이 쏠렸습니다.

성 사람들의 관심을 다시 자기네들에게 돌아오게 하기 위한 간책이 필요하였습니다. 그래서 감언이설로 하노를 초대합니다. 하노를 진심으로 환영하는 만찬이라면서요. 이들은 먼저 정말 하노가 구원자인가를 확인하고 싶었습니다. 그리고 그것이 사실이라면 하노 삼촌에게 하였던 것처럼 자연스럽게 살해 하려는 음모를 꾸미기로 하였습니다.

하노는 그 초대 받은 자리에서 자기가 거쳐 온 여섯 성의 이야기와 지금 보라 성의 역할을 세 젊은 지도자들에게 진지하게 이야기하였습니다. 그리고는 사람들을 그 어두운 삶에서 구원하는 방법은 단 하나라고 힘주어 말합니다.

혁명!

하노는 혁명을 강조합니다. 혁명의 성공을 위하여 여섯 성의 괴물 그림자를 척결하는 것이 제일 중요하다며 비밀리에 군사회의가 필요함을 역설하였습니다. 세 사람은 하노의 말을 들어가면서 또한 하노의 목걸이 색을 보면서 그가 참된 구원자임을 알게 됩니다.

이제 그들의 눈은 이글거리기 시작합니다. 사람들 눈길에 이글거림이 보이면 그 다음에는 아무것도 안 보이지요. 오로지 하노를 제거할 생각만 하게 됩니다. 그동안 자기네 성들 사람들은 가뭄과 홍수가 일어 자기네들 먹을 것이 없어도 너무 온순하게 꼬박 꼬박 세금도 갖다 바치고 자기네들에게 존경까지 올리는 성 분위기가 곧 깨어질 것 같은 위기감을 같이 느끼며 '하노를 제거해야 되겠구나.' 하는 마음을 다짐하게 되었던 것이지요. 이들은 근본적으로 남에게 존경받는 맛에 보라성 지도자로 앞에 나선 사람들이었으니 그 존경심이 다른 곳으로 갈 것 같은 상황을 그냥 지켜 볼 리가 없었던 것입니다.

조직
권력
폭력
그것들로 당해 온 것이 역사

언제나 희생만 당한 것이 99

*** 99 역사 공부**

이들은 하노가 자기네 나이 또래라며 우선 같이 친구 관계를 맺고 혈맹을 약속한 후에 혁명을 같이 일으켜 자기네들이 오래 전부터 염원하였던 '보다 살기 좋은 세상'을 반드시 이룩하자고 합니다. 그들은 만찬이 끝날 즈음에 서로의 팔을 칼로 그으며 같이 피를 흘리고 그 것을 잔에 받아 서로 돌아가며 마시며 모닥불 앞에서

사람들을 구원하기 위하여!
세상을 구하기 위하여!
우리 네 형제를 위하여!

이렇게 소리치며 당장 '혁명!'이 필요함을 그들의 신들 앞에 맹서합니다.

혁명이라는 단어는 언제나 흥분된다
항상 불만 = 사람이었기에

폭력과 피를 부른 혁명이 필요할까
별로 변한 것 없는 것 보면

그 혁명들도 또 혁명이 필요하기에
희망이 없다고 하는 것인가

과연 무엇이 부족하였던 것일까

* 역사의 굴레 2

그 때였습니다.

모닥불에 비친 세 사람의 그림자가 잘 보이지 않습니다. 모닥불이 바람에 몹시 흔들렸기에 그림자를 알아보는 하나도 그들의 마음을 알

아볼 수가 없었습니다.

그 상태에서 하노의 친구들은 하나같이 뜻을 같이하겠다며 굳게 손을 잡고 포옹을 한 후에 헤어집니다. 자기들은 각자의 성으로 돌아가 자기네들과 뜻을 같이한 측근 혁명 동지들과 괴물 그림자에 대항할 정예 군대를 모아 일주일 뒤 자정에 성 입구의 큰 참나무 앞에서 모이기로 하였던 것이지요.

참나무 앞에서 모두 모여 담합된 마음으로 더 큰 결의를 다짐하면서 작전회의를 하기로 한 날이 되었습니다. 보름달인데도 구름들에 가려 모든 그림자들이 흘깃 잘 보이지 않는 바람 심한 자정이었지요.

하노가 흥분된 마음으로 먼저 나가 기다리고 있었습니다. 첫째 성 친구가 자기 정예 군대들을 데리고 제일 먼저 나타나기 시작하였습니다. 손에는 모두 번쩍거리는 칼과 창을 들고 있었지요. 이들 이외는 아무도 보이지 않았습니다. 하노는 자기의 동지가 될 이 군대를 기쁜 마음에 달려가 맨 앞에 있던 첫 성의 친구 솔라 손을 반갑게 잡았습니다. 솔라는 오른 손을 잡으며 왼손으로는 자기의 숨겨 놓은 작은 칼에 손을 대었지요. 하노를 살해하려고 합니다.

그때였습니다.

갑자기 참나무 옆 갈대밭 왼쪽에서 화살들이 날아오기 시작했습니다. 둘째 성 군대의 화살들이었습니다.
한편 셋째 성 군사는 오른쪽 갈대밭에 따로 숨어 있었지요. 셋째 성 군대도 하노를 공격하려는 바로 그 순간에 자기네 들이 생각하지 못한 일이 벌어진 것입니다. 왼쪽에서 화살이 먼저 날아 왔으므로 셋째 성 군대는 갑자기 작전을 변경하여 기다리기로 합니다.

이들은 모두 이참에 자기네들이 하노는 물론이고 상대방 성 친구들과 측근 세력 군사들을 몰살시키고 자기네들이 보라 성의 주인이 되고 이 전과를 괴물 그림자에게 보고하여 괴물 그림자와 함께 영원히 공생을 유지하려는 책략을 서로 꾸몄던 것이고, 서로 먼저 제압하려고 나름대로 유리한 고지에 매복하고 기다리고 있었던 것이지요.

이들이 가진 계략은 공교롭게도 같은 책략이고 말았습니다.

이들은 하노의 명성에 흠집이 가게 하는 일이 제일 중요하게 되었었습니다. 그래서 하노가 보라 성에 들어온 후에 상대방 작은 성 지도자들이 하노를 시기하여 하노를 죽이려는 음모가 있었으며, 자기네들이 위험에 처한 하노를 구원하려는 과정에서 하노는 그만 안타깝게도 상대방 성 군사들에 의하여 살해되었다고 발표를 하려는 계획이었던 것이었지요. 하노는 이 시해사건 중에 아무것도 할 수 없었던 무능한 사람으로서 그냥 허무하게 죽어가고 말았다는 것도 곁들여서 말이지요.

이 계략이 성공하면 전설의 구원자 하노도 죽여 버리고 자연스럽게 상대방 성 경쟁자도 제거하게 되는 것이었습니다. 이러한 똑같은 마음으로 나왔던 세 성 군사들은 갑자기 각자 자기네들의 계략에 혼선이 가게 되었던 것입니다.

작전을 갑자기 변경하여 기다리던 셋째 성 군인들은 둘째 성 군인들이 첫째 성 군인들과 싸우다가 지치기 시작할 때 쯤 나타나 이들을 치기 시작하였습니다. 우세할 것이라고 생각했던 셋째 성 군인들은 오히려 봉변을 당합니다.

첫째 성 둘째 성 군인들이 갑자기 튀어나온 이 셋째 성 군인들에게 처음에는 밀리다가 도저히 안 되겠다고 판단하고는 셋째 성 군사들에게 대항하기 위하여 돌연 연합군이 되었기 때문입니다.

전쟁터에는 항상 기막힌 소리와 장면들만 있어 왔습니다.
서로를 죽이기 위하여 쇠가 서로 부딪히는 섬뜩한 소리들
외마디 소리들, 튀는 핏 방울들.

왜 죽어 가야만 했는가 젊은이들이여

권력과 조직
역사 종교 무기상들 음모에 휘말려
푸른 숨소리를 내어준 수많은 젊음들

이제
세상 모든 전쟁터에서
한 날 정하여 모두 모두 무기를 버리고
맨발로 고향으로 돌아가자

젊은이들이여
이제
모든 젊은이들이 돌아가 아무도 없는 전쟁터에서
누가 총을 쏘겠는가 누가 칼을 겨누겠는가
누가 전쟁터 떠났다고 벌을 주겠느냐

젊은 청년들이여
세상 모든 군인들이여

* 총 칼을 집어 던지고

밤에
풀벌레 소리 들리지 않는 이유는
밤에
달빛 풀잎 위 눕는 것 안 보이는
바로 그 이유는

낮에 세상과 싸운 무기에 잘려나간
그대 가련한 파스텔 영혼 때문 이고

* 밤이 와도 아무 것도 못 느끼는 그대

하노는 솔라 한테 목숨을 잃을 순간에 둘째 성 군사들의 화살이 날아오는 바람에 간신히 절대절명의 위험을 넘기고 칼을 들고 군사들에 대항하여 사력을 다해 싸우게 됩니다.

시간이 지날수록 하노는 지쳐갔습니다. 싸우며 오른쪽 가슴에 깊은 상처를 하나 얻었기 때문입니다. 곁에서 하노와 같이 작은 칼을 들고 싸우던 하나는 하노의 상처를 보고는 더 이상 안 되겠다고 판단하고 급히 하노를 피신시킵니다.

피신하는 하노와 하나를 보고는 솔라가 그의 검은 말을 채근하며 쫓아가기 시작하였습니다. 살려고 도망가는 간격과 그들을 쫓아가 죽이려는 간격은 금세 좁아졌습니다. 그때 다급한 마음에 하노와 하나는 그만 나무뿌리에 걸려 같이 풀썩 넘어지게 됩니다. 말에서 훌쩍 내려 다시 하노의 목에 칼을 먼저 겨누는 솔라. 솔라의 그림자를 보고 하나는 놀랍니다. 솔라가 바로 보라 성 삼촌 왕의 명령을 받아 하노를 죽이려 하였던 삼촌의 심복 아들이었기 때문이지요.

칼이 하노의 목으로 내려쳐지는 순간 하노는 눈을 감습니다. 이 순간 하나가 다시 그림자가 되었습니다. 그림자가 몸보다 더 빠르기 때문이었지요. 하나는 나무뿌리에 걸려 넘어질 때 자기의 칼을 놓치고 그 칼은 그만 풀 속에 떨어져 다시 찾을 수가 없었고 빈손이 된 하나는 하노를 살리기 위해 그림자로서 몸을 날려 솔라의 칼을 대신 맞습니다.

그림자가 갈라집니다. 그림자 하나는 하노 대신 칼을 맞고 심한 고통 속에 무지갯빛 피를 흘리기 시작하였습니다. 이런 모습을 본 솔라는 이 놀라운 관경을 보고는 잠시 멈칫하였습니다.

하나가 사람의 모습에서 그림자로 변하는 순간과 그림자가 갈라지며 무지갯빛 피를 흘리는 순간이 급하게 머릿속에 교차하며 두려움이 솔라를 압도하였지만 자기의 탐욕이 다시 이 두려움을 삼켜버리며 칼을 높이 들었습니다.

하나 위로 다시 한 번 칼을 찌르려는 솔라 등 뒤로 어디서인지 뾰족한 보라색 화살 하나가 휘이잉 날아옵니다. 솔라는 이 화살을 맞고는 커 컥 외마디를 지르며 하노 위로 쓰러졌습니다.

이 전쟁터.

그저 자기네들의 욕심을 채우기 위해 음모와 계략을 꾸민 지도자 말만 듣고 살인기구들을 들고 나와서 서로 죽이고 또 죽이는 일이 무엇인지도 모르는 어린 군사들은 사실은 살려고 나온 사람들이지요.

그 바람 날리는 헝겊쪼가리 그려진
깃발 그림이 무슨 의미가 있겠느냐
그 허망한 진군노래 가사에 홀리어
내가 총알받이가 되어야 하겠느냐

한날 시끄러운 돌격 나팔소리에
몸 조정되어 피 굳어 간 데서야
내가 정말 인간이라고 하겠느냐

그 모래알보다 많은 전쟁터에서
회오리 소리 내며 젊은 생명들은
살아남으려고 나온 사람들이었다

나와 똑같은 마음으로 살려고 나온 젊은이들을 죽이고
그 다음날도 나는 살려고 했는데
그만
살려고 나온 다른 청년의 칼에 총에 맞아 죽어갔다

*** 이것이 인간의 찬란한 역사**
(마태 16, 26)

남들은 다 죽어도 자기는 살아남을 것이라는
아주 결정적 착각.

조작된 이념과, 같이 훈련 받은 자기네 군대가 우세하여 상대방 군대를 제압하고 나만은 꼭 살아남을 것이라는 판단착오로 기계적으로 전쟁터로 밀려 나온 희생 제물들이었습니다.

하노와 하나는 간신히 서로 부축하며 그들이 서로 죽고 죽이는 혼란한 틈을 타서 탈출을 합니다. 같이 한참을 간신히 도망을 나온 뒤 하나가 뒤를 돌아봅니다.

지금
걸
속
모두 구부려진 탁한 색깔로

언제부터
흰색에서 이런 색깔이 되었을까

무엇을
누구를 만나
이렇게 휘어진 삶이 되고 말았을까

*** 실마리 2**

하나는 그제야 모든 사실을 보게 되었습니다.
그 성은 원래 하얀 성이었지요. 하노의 삼촌이 그 성을 차지 한 이후로, 점점 날이 가면서 성과 성의 모든 것들의 색이 변하여 갔습니다. 하얀 색에서 옅은 보라색으로 그리고는 점점 짙은 보라색으로 변해 가게 된 것이었습니다. 옅은 보라색도 한 겹 안은 짙은 보라색들 일색이었던 것입니다. 하얀 성이 보라성이 되고 만 것이지요.

나 이렇지 않았어요
정말 이예요
하얀 촛불이었지요

누가 그냥 내 곁을
지나 간 후에
연 보랏빛 되었고요

그일 나에게 갑자기
목 조른 다음
이런 색 되었답니다

* 짙은 보랏빛 촛불은 끄는 것이 아니다

보라성의 모습을 보며 하나는 자기가 사람에서 그림자로 변하는 모습을 보며 놀란 하노와 그 동안의 일들을 좀 더 자세히 이야기 나누게 되었습니다. 하노는 이야기를 들으며 처음에는 매우 놀랐지만 자기가 그림자 왕자였었다는 것을 기억하며 하나를 이해하기 시작합니다. 오히려 하나에 대한 사랑의 감정이 상처의 깊음 만큼이나 깊어져 갑니다. 둘은 그런 애틋한 이야기를 서로 울면서 나누다가 멀리 성들을 다시 보게 됩니다. 왜냐하면 성마다 회색 같기도 한 연기가 성 밑에서부터 서서히 풀럭 풀럭 일어나더니 성 전체를 점점 덮어가기 시작했기 때문입니다.

그러더니, 일곱 개 성의 꼭대기 모두에서는 화산 분화구에서 솟구치는 불처럼 회색 연기가 그 연기의 그림자와 함께 비비꼬며 뒤 틀리기 시작했습니다. 그 연기와 그림자들은 서서히 동물 모양이 되어 가고 있었지요. 그 동물들은 갑자기 더 높은 하늘로 올라가기 시작하였습니다. 하늘로 높이 솟아오르는 일곱 동물 회색 연기 그림자들을 자세히 보니 그것은 한데로 합쳐진 한 마리의 커다란 괴물이었습니다.

그 회색 그림자는 몸은 하나로 되었는데 머리가 일곱 개 이었다가 네 개 이었다가 하는, 한 눈에 보기에도 무시무시한 괴물이었지요.

맨 왼쪽의 머리는 사람들이 불만에 가득 차도록 모래 섞인 서리를 뿜어내고, 왼쪽에서 두 번째 머리는 사람들이 항상 안절부절못하게 불안의 거대한 찬 얼음 물줄기를 뿜어내고 있었습니다. 세 번째 머리는 서로 믿지 못하는 불신을 조장하게 계속 가시 바람을 만들어 내고, 네 번째 머리는 사람들 사이 불화로 서로 미워하도록 입에서 뜨거운 불을 뿜어내었습니다.

1. 다음 중 서로 맞는 것을 줄로 서로 연결하시오

(*1. 아무렇게 해도 잘 연결된다고 하지 말고 최선을 다하시오.)

(*2. 이런 험한 말들이 잘 어울리는 현실을 개탄하고 있으면 시험시간 제한을 넘기게 되니 조심하시오.)

정치	쓸데없는 것 가르치는 야바위꾼들
경제	돈 시간 뺏고 군림하는 조폭들
사회	인간을 둘로 나누어 버리는 모리배들
문화	매스컴몰이 거대한 음모꾼들
교육	무식하고 천박한 협잡꾼들
환경	지구를 갖고 서커스 하는 무지랭이들
종교	남 등치는 걸 즐기는 탐욕의 사기꾼들

2. 상기 1번 문제 속에서 살아 있다는 것이 기적이 아니라고 생각하는 당신에 대하여 500자 내로 논하시오.

* 객관식 문제 하나와 주관식 문제 하나

하노와 하나는 이 거대한 괴물 그림자가 하늘에 올라 달그림자까지 덮은 것을 봅니다.

그때였습니다.

땅과 하늘을 가득 메운 괴물 그림자가 갑자기 하노와 하나를 향하여 달려들기 시작하였습니다. 그 괴물 그림자가 먹구름으로 된 거대한 칼까지 들고 하노와 하나의 앞을 막아섭니다.

이제 너희를 세상에서 영원히 없애 주겠다며
검은 칼을 휘둘러대기 시작하였습니다.

하노는 이미 상처를 입었고 하나도 피를 흘리고 있었기에 괴물에 대항할 처지가 못 되었습니다. 하나는 칼을 맞은 후 도망 나오며 죽은 솔라의 칼을 집어 들고 나왔었습니다. 하지만 그 칼은 하나가 갖고 있었던 칼보다 무거운 데다가, 하나도 몸이 갈라질 정도로 큰 상처를 입고 있어서 괴물에게 몇 번도 대항 못해보고 결국 칼을 놓쳐 버리고 말았습니다. 완전히 비무장 상태가 된 하나는 모든 것을 포기할 수밖에 없게 됩니다. 아무것도 생각하지도, 할 수도 없는 상태….
그러나 그때였습니다. 포기하고 모든 것을 내려놓고 비운 상태에서 섬광처럼 내려치는 생각이 있었지요.

'폭력은 폭력으로 이길 수 없다. 폭력으로 해결 안 되었으면 다른 방법을 찾아야 하는데 어리석게 아직도 폭력에 서성이다니….'

하나는 이런 생각을 하고서는, 인간의 부족한 점들을 안고 있는 하노의 몸에서 완전히 나온 상태로 있기로 합니다. 하노의 몸에 그림자로 들어갔다 나왔다 하다가 이제 홀로 선 것이었습니다.

홀로 서는 깨달음이 다가온 그 순간 놀라운 일이 벌어 졌습니다. 하나의 갈라진 그림자가 다시 붙으며 힘을 받게 된 것이지요. 하나는 그동안 유지하였던 5감을 모두 닫아 버립니다. 보라 성에서 자라나던 6감까지 모두 닫아 버립니다. 6감까지 닫아 버리니. 몸 깊은 곳에서 피어오르는 녹색의 향기가 있었습니다.

7감이었습니다.

하나는 7감으로 녹색의 향기를 피우며 오로지 그 향기로 괴물 그림자와 싸우게 됩니다. 싸운다기보다는 그저 공격을 피하는 것이었지요. 거대한 그림자의 움직임을 미리 파악하여 맑은 향기의 힘으로 괴물 그림자의 칼날을 쉽게 이리저리 하루 종일 피하자 지치고 지친 괴물은 서서히 물러서기 시작하였습니다. 아무리 자기가 하나를 죽이려 하여도 죽일 수 없다는 것을 느낀 괴물은 드디어 점점 짙어가는 녹색 맑은 향기에 목이 메는지 숨을 못 쉬며 혼자 괴로워하다가 결국은 견디지 못하고 '아오!' 큰 소리를 지르며 사라집니다.

거대한 괴물 그림자를 물리친 하나는 하노를 부축하며 하노를 보살핍니다. 하노는 여섯 성 사람들의 안타까운 모습들, 간교한 배신, 이젠 보이지 않는 희망 그리고 자기의 어리석음을 번갈아 생각하며 하염없이 괴로워하게 됩니다.

특히 자기의 교만
탐욕
화남
급함으로 큰 실패를 한 것을 생각할 때는 눈물을 한없이 흘리며 고통스러워하였습니다. 하노는 하나에게서 상처를 치료받으면서 끊임없이 지난날을 되뇌이고 또 되뇌입니다. 그래서 하나의 간호로 전쟁에서 입은 몸의 상처부분은 점점 아물어 가는데 하노의 병 증세는 점점 더 깊어만 갑니다.

스트레스를 받는다고 한다

스트레스는 받는 게 아니고
일으키는 것이다
스스로

파도 더 큰 파도 일으키듯이
점점 크게 좀 더 깊이 잠기게

*** 죽음에 이르는 병의 뿌리**

처음 작은 물결 서서히 오른다
파도는 바람 부르고
바람은 파도를 더 일으킨다

물결 오르는 것 볼 수 있어야
더 오르지 못하게 흔들지 말아야

벼락 파도 오더라도

* 노련한 노인 surfer

편한 마음이 되지 못하는 하노는 상처를 입은 지 닷새 만에 하나의 지극한 정성에도 불구하고 깊은 한숨을 내쉬고는 하나의 품안에서 허무하게 숨을 거두고 맙니다. 한 줄의 눈물을 흘리며….

허무하게
한순간에
간다는 것을 안 다는 것은

* 지금 행복할 수 있는 사람

숨을 거두는 순간, 하늘에서 검은 구름과 회색 구름이 서로 부딪히며 날카로운 불을 뿜어 내었습니다. 불을 뿜어 내는 것도 성이 차질 않아 하늘이 울고 있다며 천둥이 하늘을 찢어가며 소리치기 시작했습니다. 너희들이 하늘의 아픔을 알기나 하냐며 비도 매우 심하게 왔습니다. 빗방울이 주먹 만한 비는 일주일 내내 왔지요.

하늘은

찢기기 거듭하는 영혼 천둥으로 말하고
번갯불로 자기 깊은 속 그슬린 마음 열고
양팔 들고 서서 내리는 비로 눈물 보인다

* 마음 무너진다는 것

세상의 모든 것이 씻겨 내려가는 것 같았습니다.

어두운 하늘에 큰 호수 있나보다
물 너저분한 땅에 콸콸 쏟아진다
새벽부터 새벽까지

씻기지 않아도 될
서로 비교하지 않는 누런 풀잎
마지막 낙엽까지 내준 나무들
더 낮아질 것 없는 땅까지도

모두 씻겨 나간다

이렇게 해도
저렇게 해도
씻기지 않는 것 하나 빼고
모두 씻겨 나간다

내 마음

* 우산을 접어보자

검은 비가 내린다
맑은 비가 아니고

땅에 닿으면 검어지더니
이제는 마음 닿기도 전에

* 이미 오래 전부터

일주일 내내 오던 비가 드디어 멈추었지만

일주일 내내 비가 오진 않는다
길어야 삼일정도 라고나 할까

일주일 내내 우박 오진 않는다
길어야 사일정도 라고나 할까

더 살아가야 할 생명들이기에
가끔 비 우박 섞여 심하게 쏟아지더라도
그댄 벌써 젖지 않은 다른 곳 서 있으리

하루만 더 내일 하루만 하는 사람들보라
살아 있다는 것만도 얼마나 큰 축복인가

모든 것은 다 지나간다 지나보면 별것 아님을 알게 되리니
그저 시간 지나길 바라며 지금 너무 상심하며 통곡치 말라

* 아무리 큰 아픔도 유통기간이

하노의 주검에 너무 상심한 하나의 마음속에는 계속 더욱 더 세찬 비가 내렸습니다. 하나는 하노를 자기 가슴에 묻습니다. 하노를 묻은 후 그곳에 더 있을 수가 없었습니다.

참으로 사랑하는 이
사랑하던 이 손으로 묻는 다는 것

너무도 소중했던 꿈
그 꿈 키우던 손에 묻혀 지는 것

*** 차라리 2**

그냥 멍하니 길을 떠납니다.
그저 울면서…

하나는 하노가 죽은 직후에 그의 목에 걸려 있는 목걸이를 손에 꼭 쥐어 보았지요. 그 때 하노의 어릴 때 모습이 그 목걸이에서 보이기 시작하였었습니다. 목걸이를 통하여 하나는 하노 무지개 성이 하노의 고향인 평화로운 섬나라, 시인들이 많은 무지개 성임을 알게 됩니다. 하나는 하노의 고향을 찾아 하노의 죽음을 알리고 그들의 도움을 청하여 하노가 이루지 못한 뜻을 이루려고 무지개 성을 찾아 떠납니다. 떠나면서 뒤를 돌아보아 멀리 일곱 성을 보니 그 성들의 겉 색이 어우러지며 무지개 색이 되는 것이었습니다. 겉은 아름다워 보이는 무지개 색 성들이었지만 그 속은 괴물의 그림자가 지배하는 어두운 검은 세상이었던 것이지요.

이제 하나는 자기 생각 속의 무지개 색을 내려놓습니다. 성을 지나며 보아왔던 화려한 색을 하나하나씩 내려놓습니다.

네가 쫓아가는 무지개
너의 행복 몰아내는 무지개

네가 달려가는 그 사람
너의 기쁨 앗아가고 말 사람

네가 쥐고 있는 그 것
네 목숨 곧 쥐고 흔들 것들

* 거꾸로 X 2

그리고는 철저한 외로움 속으로 몰입을 하게 됩니다. 그러자 진정한 마음속의 무지개 색이 떠올려지기 시작하였습니다.

스스로 해체하고 벗어나서 해방되었을 때
혼자되었을 때
외롭게 되었을 때
드디어 구원 시작된다

어디에 구속되어 있는지도 알지 못한다면
홀가분의 의미
상쾌함의 감각
어떻게 느낄 수 있을까

* 선택한 고독

구원은 자유이며

자유란 과거로부터 미래로부터
벗어난다는 것이다

* 구원에 대하여 2

과거로
미래로
끌고 다니는 빌딩에서
한발을 빼 보자

이리로
저리로
모는 시멘트 덩어리에서
두발을 빼 보자

양말을 벗고
신발을 벗고
맨발로 광야를 달려보자

* 괴물로부터 탈출 성공

하나는 하노가 죽은 후에 하노의 목걸이가 빛을 비추는 곳을 보았었습니다. 그 빛은 하노가 타려고 준비하여 두었던 큰 배 한 척이 숨겨진 나무 덤불 속을 가리키고 있었지요. 그 배는 보라 성의 원로들의 도움으로 마련된 것으로써 많은 군사도 실을 수 있는 큰 배였습니다.

하나는 이제 그 큰 배를 혼자 타고 섬을 향하여 외롭게 항해를 합니다. 삼 일을 지나 섬 해안가에 다다른 하나 앞에 큰 산이 나타났습니다. 그 거대한 산은 아래에 커다란 구멍이 나 있었지요.

하늘에 이른다는 전설의 천문산.

천문산이었습니다.

그 천문산 앞에서 하나는 그만 주저앉고 맙니다. 하나를 지원할 맑은 향기를 지닌 시인들이 모두 몰살당한 것을 본 것이었습니다. 하나는 순식간에 헝클어지는 마음을 느끼고는 눈을 감습니다. 눈가에는 금세 눈물이 흘렀지요. 그 눈물이 흐르며 하나는 이곳에서 일어난 지난 일을 읽을 수 있었습니다. 수많은 고통의 순간들이 하나의 마음에 현기증 나게 읽혀지고 있습니다.

시인들은 그동안 사람들에게 잘 읽히지 않는 난해한 언어유희로 시를 써서 스스로 힘을 잃고 있었습니다. 그 모습을 보며 괴물 그림자는 이때다 하며 시인들을 공격합니다. 힘을 잃은 시인들은 허무하게 괴물 그림자에게 하나하나 이런 저런 교묘한 방법으로 차례차례 희생을 당하였지요. 뜻 있는 시인들이 몇몇 살아남아 힘을 합쳐 괴물 그림자에 대항하려 하였으나 역부족이었습니다. 모든 시인들이 힘을 합쳐 세상을 맑게 하는데 힘을 합치고 그 힘으로 대항을 하였어야 했는데 소수의 시인들 힘만으로는 제대로 대항도 못해보고 희생을 당한 것이었지요. 천문산 뒤로는 무지개 성이 있었는데, 알고 보니 무지개 성은 무지개 성 왕과 왕비가 죽은 후 계속하여 몰락의 길을 걸어 왔었습니다. 무지개 성 안에는 '비밀의 향로' 가 있었지요. 이 향로는 무지개 성 곳곳에 '삶의 맑은 향기' 를 전해 주어 시인들은 투명한 시를 쓰고, 사람들은 밝고 순수하게 살아갔었는데 그만 아무도 모르게 그 향로가 없어진 것이었습니다. 그 향로를 찾기 위해 해맑은 시인 몇몇이 성안과 밖을 모두 찾아보았으나 찾지를 못하였고요. 그러면서 무지개 성은 향기를 잃고 말아 그렇게 허무하게 멸망을 하고 흔적도 찾아보기 힘들게 되고 말았던 것이었습니다.

소통과 불소통의 경계에 서성이는
시인들이여

난해한 시어들로 문단 주류 이끄는
시인들이여

자기 글 스스로 해설 못할 정도인
시인들이여

* 시 쓰는 이유를 묻는다

하나는 비참한 생각에 사로잡힙니다.
이제 어떻게 하여야 하나…

아무 것도 할 수 없을 때

이것도 할 수가 없고
저것도 할 수가 없을 때

* 바로 그 때

희망을 잃고 만 하나는 그 참혹한 곳을 지나 천문산 입구를 지나 서성이다가 굴을 발견하는데 그 굴속을 들여다보다가 그만 발을 삐딱 헛디디어 그 굴속으로 떨어지고 맙니다.

하나는 그 긴 굴속을 떨어지며 소용돌이 속에 무엇인가 말려 올라가는 것을 봅니다. 그동안 있었던 모든 일들이 작은 파편으로 부스러진 상태로 영상처럼 올라가고 있었던 것이지요.

작은 알 하나

Lotusa
이정표가 보이고
Antafri
Mosquijohn
Ninoxmaupu
빙산
TurtLehose
human 사막 신기루 오아시스
저울
빨간 성
파란 성
주황 성
남색 성
노란 성
초록 성
보라 성 폭염 가뭄
홍수
혹한
폭설 태풍 토네이도 쓰나미
이것들에 고통 받는 수많은 사람들
솔라, 쥬다스, 카인
거대한 그림자 괴물
시인들과 무지개 성

그러나 하노는 보이지 않았습니다. 소용돌이에 휘말리다가 바닥까지 떨어진 하나는 뿔 두 개가 얼굴에 난, 아무 말 없는 Rhinosooni가 코 뿔로 하나를 서서히 어루만질 때서야 정신을 차리게 됩니다.

하나는 그 코뿔소의 이름이 Rhinosooni라는 것을 묻지 않고도 압니다. 하나는 Rhinosooni가 무엇을 원하는지도 알게 되었지요. 하나는 Rhinosooni가 원하는대로 Rhinosooni를 올라타고 굴속 바닥에서부터 좁고도 좁은 산길을 내려갑니다. 컴컴하기만 한 길이었지요. 그 길이 끊어지며 하나는 커다란 강물 소리가 들리는 곳에 다다르게 됩니다. 하나는 Rhinosooni를 타고 그 강물을 가로 지르며 겁이 덜컥 났습니다. 물의 흐름이 너무 빨라 Rhinosooni가 휘청거리며 물을 건너기 때문이었습니다.

Rhinosooni

네가 강을 건너고 있느냐
아니면
누굴 타고 건너고 있느냐

* 누가 주인이냐

갑자기 더 큰 물살에 휩쓸리며 Rhinosooni가 크게 흔들리는 바람에 하나는 강물로 빠질 뻔 하였는데 그 순간에 Rhinosooni가 드디어 입을 열어 조용조용히 말합니다.

두려워 말아라
당당한 나를 보아라

나는 지금 물살 어떻게 흐르는지 똑바로 보고 있다.
너는 헤엄칠 수 있는 존재임에도 물에 빠져 죽을 생각하고 있다

번뇌와 고통 물살에 너의 마음 빼앗기지 말고 당당히 나아가라

*** 위풍당당 무소의 뿔처럼**

하나는 이제 Rhinosooni와 함께 깊은 물에 완전히 잠기어서 강을 건너게 됩니다. 빠른 물살의 강을 무사히 건너고 겁나게 무서운 물에서 서서히 나오며 Rhinosooni 의 코 뿔에서 불이 켜지기 시작하였습니다. 불길은 불길이었지만 뜨겁기만 한 벌건 불길은 아니었습니다. 무슨 색이라고 표현할 수가 없었지요. 표현하지는 못하지만, 그 불길 속에서는 쳐다보는 것만으로도 평화스러운 불꽃이 피어나고 있었습니다. 찬란하기만 한 신비한 색의 불꽃이었습니다.

Rhinosooni의 불꽃은 두 개였습니다.
작은 불 하나는 자기 자신을 밝히고 다른 큰 하나는 이웃을 밝히는 불꽃이었습니다. 하나는 Rhinosooni가 불을 밝히며 속으로 말하는 메시지를 마음에 깊이 간직합니다.

지금은 내가 불 밝혀 보여주지만
이제 네 스스로 불 밝혀야한다

남이 밝힌 불 금세 꺼진다
네가 붙인 불만이 너의 것

너를 밝히고
남을 밝히고

* 꺼지지 않는 빛

Rhinosooni의 등에서 당당히 걸어 내려와 피안에 도달하며 하나는 Rhinosooni의 마음을 또 읽습니다.

남에게 의지하지 말라
어떤 것에도 기대하지 말라
답답한 어두움 속 불 밝히는 것은 바로

너 스스로에게서 빛어 나오는 등불 뿐

* 반딧불

강을 건넌 하나 앞에는 아주 커다란 성문이 앞길을 막고 있었습니다. 아주 아주 높기만 한 그 성의 위엄 앞에 하나는 그만 주저앉고 말았지요. 강을 너무 긴장하며 건너느라 힘이 빠져 그런 것도 있었습니다.

단단한 돌들로 만들어진 그 성 높이며
두꺼운 나무로 된 문이며
안을 들여다보려야 볼 수도 없도록 촘촘히 짜인
그 성문 앞에서 하나는 서성입니다.

아무도 없었습니다.

다만 큰 성문의 열쇠 구멍이 있을 뿐…
그러나 그 열쇠 구멍으로는 안이 보이지 않았지요. 하나는 성문 앞을 서성이다가 '그냥 돌아갈까' 하며 강물을 뒤돌아보았지만 Rhinosooni는 이미 어디론가 가버리고 보이지 않았습니다.

아무리 찾으려 하였지만 조용한 바람만 있을 뿐
아무도 보이지 않았지요.

아무것도 찾으려 하지 않을 때
아무도 찾고 싶지 않을 때

*** 바람도 너를 찾고 싶지 않다**

하나는 눈을 감습니다.

눈 감아보라
입도

눈 떠지려 할 때 참으라
입 열리려 할 때 더 참으라

참고 또 참으면

마음의 눈 열리는
소리

* 그 정겨운 소리 들릴 때까지

하나 마음의 눈이 열리며 열쇠 구멍 밑에
작고 빨간 글씨를 보게 됩니다.

Choose only once

라고 쓰여 있었습니다.

오직 한번 실수로 떠나갔고
오직 한번 기회가 실패했고

두 번 세 번 주어졌다면
누가 불행할 수가

* 삶이라는 것이

하나는 감각적으로 그 글씨 밑 주변 땅을 천천히 파 봅니다. 생각한대로 얼마 파지 않아 여러 가지의 열쇠가 나왔습니다. 그 많은 열쇠들은 결국 다섯 가지 종류로 나눌 수 있었습니다.

금 열쇠, 은 열쇠, 나무 열쇠, 큰 열쇠, 작은 열쇠

한 번밖에 집어넣을 수 없다는 열쇠를 하나는 익혀진 7감으로 큰 열쇠 구멍에 제일 작고 낡은 나무열쇠를 골라 집어넣고 오른쪽이 아닌 거꾸로 왼쪽으로 돌려 봅니다. 문이 열리기 시작하였습니다. 그 보잘 것 없이 생긴 작은 나무열쇠로 성문을 연 하나는 직감적으로 이 성문이 하늘에 이르는 문이라는 것을 압니다.

하늘 문
하늘 길

하늘에 이르는 문이 열리고 길이 나타나는데
하늘 길은 놀랍게도 하늘로 가는 방향이 아니었습니다.

놀랍겠지
경이롭게

내려가고
더 내려가야만 하는
그 길이 그렇다는 것이

평생 올라가기만 한
그 길이 그렇다는 것이

*** 놀랍겠지**

이 세상 모든 것에 길 있다
사는 길
죽는 길
          사랑하는 길
          미워하는 길
행복한 길
불행한 길
          그 이와 가까워지는 길
          그 사람과 멀어지는 길
하늘에 이르는 길
지옥에 이르는 길

그대
지금 어느 길 위에 서 있는지
알기는 하는가

* 그대에게 묻는다 7

어떤 것 살까 먹을까
어떤 것 배우고
어떤 것 믿으려 한 평생은

무엇 사지 않을까
무엇 먹지 않을까
무엇 배우지 않을까
무엇 믿지 않을까
이고 말았다

* 노인 절규하다

하늘로 이르는 길은 올라가는 길이 아니고 내려가며 스스로 찾아가는 길이었습니다.

땅의 길 걸으며
마음속 잔뜩 짐짝들
눈높이 보다 높게

내려놓아야 보이는
하늘 길 보일 리가

* 반대다 반대 1

하늘에 있다는 것들은

아래아래 로 내려가는
좁고 험한 길섶에 널려 있었다니

아래 있는 것들을
평생 위 쳐다보며

* 반대다 반대 2

하나의 눈이 빛나기 시작했습니다.

하늘 향해 천국 있다고

너희가 믿는 스승들은
모두 땅에서 살았고
모두 낮은 곳 가리키며
평생 낮게 살았다

천국과 진리는 반대이고
진리는 역설이고

* 그대 스승에게 되묻는다

하나는 아래로 내려가는 길을 걷고 또 걷습니다.

어디서부터 잘못 되었을까
저속한 문명 맑은 물에
먹물 풀어지듯 된 것이

어디서부터 시작되었을까
얇은 생각들이 독버섯처럼
당연히 지구 덮게 된 것이

걸으며 진화하여온 동물
그렇게 퇴화 시작한 것이

* 진화의 정의

노인
허름한 상점 구석 칠십 년쯤 되었을 법한
지남철에 눈길이 간다

그리 길지 않은 막대
네모난 세모난 뾰족 끝
끌어당기고
말발굽 모양 둘 붙이면
이리 저리 밀어버리고

노인 지팡이보며
굽은 한숨짓는다

흙에서 태어났으니 대지에 끌려
마냥 걷고 또 걸어야
유쾌하게 자유로울 수 있다는 것
이제야 알게 되다니

* 자유의 간을 보며

하나가 그 좁고도 험한 아랫길을 일곱 날 동안 걸으며 내려오자
마음과 몸이 환하게 녹색으로 빛이 나기 시작 합니다.

하나의 앞에는 아주 아주 작기만 한
그리고 누구에게나 물어도 그런 꽃이 어디 있냐던
녹색 꽃밭이 펼쳐지기 시작했기 때문입니다.

녹색 꽃은 정말 아름다웠습니다.

억지로 화려하지 않습니다
역한 그 향기들도 없고요
담담함속 이미 피어있는

그대 건너지 못하는
저편에 서성이기만

* 진리 알현

하나는 녹색 꽃들을 보며 처음 느끼는 기분 속에 눈물이 흐릅니다.

평화의 맑은 눈물, 마음이 맑혀지는 감동의 눈물이었지요.

하나는 그 천국의 감동적인 초록색 꽃밭 앞에서 희미한 모습의 사람을 봅니다. 그 희미한 모습의 사람 외모는 남루하기 짝이 없었고 쇠약해 질대로 쇠약해져 보이는 노인이었습니다.

그 노인은 아무 말도 하지 않습니다. 그 노인은 무엇을 자기 앞에서 끓이고 있었지요. 그 노인 앞에 있는 것은 용광로였고, 그 속에는 빨건 용암이 펄펄 끓고 있었습니다.

보라 이것이 너의 마음이다
너의 속
바로 너

너도
남도
가까이 하지 못하게 부글거리는

* 보라

가만 놓아두어도 끓는 것
왜 그렇게 불 지르시나요

* 너의 마음에 묻는다

진정한 스승임을 느낀 하나는 노인에게 조심스럽게 말을 건냅니다. "안녕하세요?"

아무 말도 없었습니다.

"제가 누구인지 아시지요? 참으로 뵙고 싶었습니다. 스승님."

스승은 계속 아무 말도 안하고 그저 하나를 향하여 사랑스러운 모습으로 따스한 미소만을 짓습니다. 하얀 눈썹 밑 두 눈은 감고 있었습니다. 하나는 계속 말을 건넵니다. "스승님.저의 스승님." "나의 스승님인줄은 압니다. 그런데 존함이 어떻게 되시는지요?" 정적이 흐른 후 스승은 입을 다물고 있었지만 말을 전달합니다.

이름을 남기지 않으려
매일 내 이름 지우고 있는 나에게
나의 이름 묻다니

* 일주일도 못되어 누구에게나 잊혀질
이름 석 자에 매달린 그대에게

이 세상에 필요한 말은 오직 세 줄이다
이 세상에 너무 필요 없는 말이 많아서
입에서는 오가도 마음에서 죽어간 언어

정말 사랑한단다
진실로 고맙구나
참으로 미안하다

* 진정성 폐기장 속

스승은 마음으로 이야기합니다.

"하나야 그 용광로를 자세히 들여다 보아라."

하나도 마음으로 알아 듣습니다. 하나가 들여다 본 용광로에는

A ntafri

M osquijohn

N inoxmaupu

Turt L ehose

Rh I nosooni

hum a n

이라는 글씨들이 어지럽게 돌아가며 끓고 있었습니다. 하나는 그 글씨 중 색 글씨들을 모아 ANIMaL이라는 글자를 봅니다.

동물은 동물임을 알아 동물로서
배부르면 더 욕심이라도 없지만

사람같이 산다며 하는 짓

끊임없이 비교해가며 탐욕 불사르고
잔인하고 교활하며
오만하고 교만하여

쳇바퀴에서 벗어날 길이
바로 옆 보이는데
그곳서 나오기 거부하는
다람쥐보다 못한

* 진화 거꾸로 가는 유일한 생명체

파란 풀밭에 앉아
이 생각에 저 생각이 꼬리를 문다
회색 시멘트 서서
저 생각들에 이 생각이 또 꼬리를

잠시도 쉬지 않는 원숭이 한 마리
이리 뛰고 저리 뛴다
그 좁은 호두 알 두뇌 속을

맑은 지성과 고귀한 인성 속
누런 털 박혀 빠지질 않는다

* 꼬리뼈 만져 보며 2

숫자를 세어본다
하나 둘 셋
백까지 세는데도 한참 걸린다

천까지 세면 진이 빠진다
만까지 차례차례 꼬박 꼬박 셀 수 있는 사람 드물다

그 하나하나 중 하나 숫자가
바로 나다

그 바로 내가 하나 숫자 되어
처참하게 죽임 당했다고 생각하며
깊이 생생하게
묵상하여 보자

인간 하루하루 어떻게 살아 왔는지를 생각하며
그 장소들

처참한 현장을
상상하여 보자

⤡ 한국군, 유엔군 18만 명, 북한군 52만 명, 중공군 90만 명, 민간인 포함 245만 명이 비참하게 죽어간 한국전쟁

⤡ 대한민국 젊은 청년들이 꿈도 피어보지 못하고 알지도 못하는 다른 나라에서 처참하게 오천 명이나 죽고 총 240만 명 이상이 죽어간 베트남 전쟁

⤡ 사람하나 죽이려고 만 명을 죽인 바르톨로메오 대학살

⤡ 캄보디아 국민의 3분지 1인 170만 명이 학살당한 크메르루주 대학살

⤡ 아르매니아 인의 3분지 2인 200만 명이 학살당한 아르메니아 대학살

⤡ 후투족과 투치족의 인종 학살로 150만 명이 죽은 르완다 대학살

⤡ 미국의 어처구니없는 생트집으로 시작한 이라크전 희생자 수 120만 명

⤡ 신이 바라신다라는 말 한마디 속 170여 년간 8차에 걸친 십자군 전쟁

⤡ 1650만 명이 죽어간 1차 세계대전

⤡ 4900만 명이 죽고 만 2차 세계대전

특히,

⚔ 아우슈비츠 대학살 150만 명

독가스 실에서 한 번에 약 2,000여명의 수용자를 죽인 장소
예쁜 어린 아이들의 그 색 바랜 수많은 신발들
카펫이나 가발로 사용되었다는 그 섬뜩한 수많은 여인들의 머리카락들
12,000명 - 가톨릭 성직자, 수도자, 가톨릭인사 처형수
28,000명 - 생체 실험으로 쓴 수

⚔ 난징 대학살 35만명

일본군이 100명의 목을 누가 먼저 베나 경쟁을 한 곳
산채로 묻어 죽이고 장작불로 태워 죽이고 몽둥이로 때려 죽인 장소
'집단윤간', '선간후살'(先姦後殺)까지 한 장소
일본군 성노예로 희생된 여성수가 20만명이나 된 전쟁
불과 70년 전 일이다

이러고도 모자라

아직도
세계 곳곳에서
살육이 이어지는 것이

Animal 이상일까

Animal 이하일까

아니면 그냥 Animal일까

어찌하였던 셋 중에 하나임이 분명한데
자신 있게 이상이라고 말하는 이
이미 Animal 수준 이하가 되지 않을까

* 인류의 찬란한 역사

하나가 Animal이라는 글자를 보는 순간 용광로는 서서히 해맑게 맑아지는 것이었습니다.

인간 별것 아니다

아우슈비츠에 가서
난징학살현장 가서
인간 어디까지 갈 수 있는가 보자

세계 구석구석 가서
전쟁 불구덩 속 가서
인간 속성 자세하게 들여다 보자

그 예쁜 어린이 신발 핏빛으로 뒹굴고
여인 머리가죽 칼 데는 것이 옛날 뿐일까
그보다 더 잔인한 음모와 술수들로
모든 생명의 목 조르는 일이 하나 둘일까

우리들 인간 별거 아니다
한 마리 동물임을 알 때
너희들 저 마음 깊은 곳에
꿈틀거리는 야욕 볼 때
한낱 얄팍한 기술 문명 속
들여다보며 한숨 질 때

얇은 옷감 속 꼭꼭 숨겨진
거짓허울 벌건 털보여 줄때

우리는
다시 시작할 수 있다

* 낮게 거기서 다시 시작해 보자

스승은 이어서 이야기 합니다.
"하나야."

모든 것을
끓여 녹여 버려라

하나와 스승은 마음으로 계속하여 말을 주고받습니다.

"왜 모든 것을 녹여 버려야 합니까?"
"강가에 가서 알게 된다."

"왜 혼탁하게 끓었던 용암이 이다지도 맑은 물이 되는 것을 보여 주십니까?"
"구십구 도에서도 하나가 모자라 하늘에 이르지 못하는 것들이 있다. 너희들이 한결같이 찾는 그것은
마음을 다하고
정성을 다하고
목숨을 다하여
하나를 보태어 백이 되도록 하여야 얻을 수 있다."

"그것이 무엇입니까?"
"네가 찾는 것들이다."

"제가 찾는 것이 무엇이었습니까?"
스승은 아무 말이 없었습니다. 잠시 후
"너 자신이 무엇을 찾는지도 모르다니."

하나는 아무 말도 할 수 없었습니다.
잠시 후

"용서 하셔요. 스승님. 제가 진정으로 찾는 것이 무엇인지도 확신이 서질 않습니다. 아마도 바람이 불때마다, 마음 속 계절이 바뀔 때마다 수시로 흔들리기 때문일지도 모릅니다."

"진정으로 찾고자 하면 찾아지는 것이 있다."

"평화 기쁨 사랑입니다." "역시 하나가 부족하다."

"그것이 무엇입니까?" "네가 느끼며 찾아야 네 것이 된다."

이때 하나는 온 몸에 전율을 느끼며 크게 깨닫게 됩니다.

'그렇다. 번번이 바람 불지 않았는데도 꺼지는 촛불처럼, 소멸되며 매캐한 냄새만 남기는 것은 바로 이것이었다.'

'내 스스로 아프게 절실하게 느끼지 못했던 것.'

'느낌을 영원히 간직하고 싶어 하는 간절함의 부족.'

하나는 스승을 만나기 전에 흘렸던 눈물과는 다른, 맑은 진실의 눈물을 흘리게 됩니다. 진실의 뜨거운 눈물은 한없이 주르륵 흐르고 있었습니다. 눈물에서 처음 느껴보는 향기가 나는 것도 같았지요.

눈물에는 온도가 있다
뜨겁게 사랑했던 영상의
무섭게 미워했던 영하의

계절 그런 눈물 때문에 바뀐다
떨어질 때마다 땅이 흔들리고
증발될 때마다 하늘 꺼져가고

*** 눈물은 땅속으로 증발한다**

눈물은 그치지 않을 것처럼 흐르고 있는데 왜 마음은 그 만큼 깨끗하고 맑게 되는 지 이제야 깨닫고 있었지요. 맑은 눈물만이 마음을 맑게 하는 것 말입니다.

눈물
이보다 맑은 것이 있을까
눈물
이보다 진실한 것이 있을까
눈물
이보다 소중한 것이 있을까

진실이 묻어난 눈물
없이 어찌 감사하고
　　　　사랑하고
　　　　미안해 할 수 있을까

백합꽃 잎으로 눈물 닦는 이 행복하다
마음 맑은 향기 퍼지리니
눈물샘 터 합장하여 거니는 자 행복하다
그대 이미 천국 들었으니

* 눈물 없는 그대에게 1
(∛진복팔단)

항상 감사하지 못하는 것은
눈물 없이 말로만 감사함에서 오고

언제나 사랑하지 못하는 것
눈물 없이 입술로만 말하기 때문이며

진정으로 용서하지 못함은
눈물 없이 그때 감정만으로 하기 때문

* 눈물 없는 그대에게 2

하나의 진실된 맑은 눈물을 보고 드디어 스승의 눈이 떠집니다. 스승의 눈은 작았지만 인자해 보였고 신비한 빛이 나고 있었습니다.

그대 눈동자를 보며
별이 빛난다고 믿어
하늘은 무너졌었고

내 망막 드리워진 꽃
향기 영원하리라 믿어
바다는 말라졌었다

그 작기만 것에
파란 생명 걸어

寫實이 事實일까

* 눈동자

"하나야 눈을 감아라. 너는 지금 나의 눈동자를 보고 믿음이 커지려고 하고 있다. 심지어는 나의 눈동자도 믿지 마라. 너희는 백의 팔십을 그 작은 눈동자에 맺혀진 것을 보고 판단한다. 눈으로 보고 그렇게 많은 실수를 하면서도… 또 그 작은 두 눈에 모든 것을 의존한다." "눈으로 본 것, 그것이 다가 아니었다는 것을 겪고는, 후회하며 다시 과거로 돌아가 그 실수들을 되돌려 놓고 싶지만… 그런 일은 절대로 일어나지 않는다."

이때 안개가 자욱하게 끼기 시작합니다.

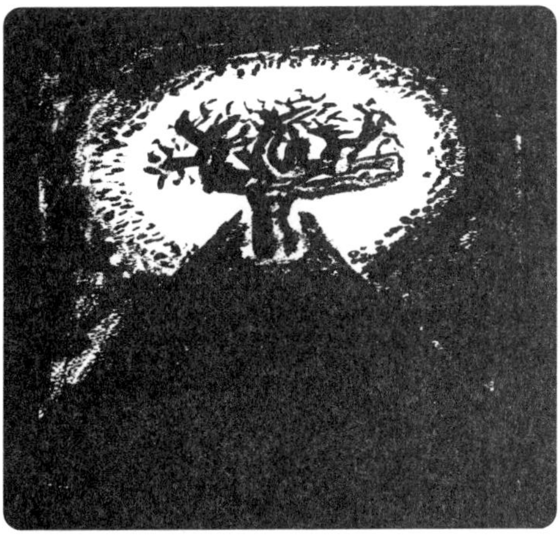

하나가 묻습니다.

“눈으로 보아서 순도가 하나 모자랍니까? 순도는 하나가 모자라 이루지 못합니까? 하나를 모르는 것이 진정 전체를 모르는 것이 됩니까? 하나를 깨닫지 못하는 것이 그렇게나 무거운 고난이 됩니까?”

“네가 이미 그렇게 말하였다.”

“스승님 모든 것이 안개 같습니다. 보이다가도 잘 안 보입니다. 이러면 안 되겠다. 어떻게든 벗어나야 하겠다. 이렇게 결심 하여도 그 다음날 보면 다시 제 자리로 돌아와 있습니다. 손을 모으고 노력해서 얻은 6감7감도, 있다가 갑자기 사라져 혼란스럽기만 합니다.”

안개 사이로 안개꽃이 피어나네요

바람 불면 사라지고 말 안개인가요
안개 걷히면 돌아 올 안개꽃인가요

*** 네가 보고 있는 모든 것은**

바로 순도가 문제다

어디를 가든 어디에 있든
바로 여기 지금
순도를 유지해야

진리가 잠시 머물다가 사라지지 않게 하려면
어디에도 끌려 다니지 않는 순도를 유지해야

* 내 스스로 안개 걷으며

이 세상에는 오직 한 가지 죄만 존재한다
지금 바로 이곳에 온전히 사랑하지 못하는 크나 큰 죄

* 네가 네 죄를 알렸다

스승에게서 전달되는 영감이 가슴에 서늘하게 느껴진 하나가 온 마음으로 한 마음이 되며 깊은 묵상으로 들어갑니다.

"스승님 저는 눈을 감습니다. 눈 뿐만 아니라 지금 오감을 모두 닫습니다. 중요한 것은 모두 볼 수 없기에 정말 중요한 것들은 오감으로 알 수가 없기에, 스승님 가르침대로 저는 진실 된 마음으로 두 눈을 내려놓습니다. 빙산처럼 세상 모든 것은 보이는 것이 다가 아니기에 이제 불완전하기만 한 눈을 비워 봅니다. 눈도 오감도 모두 내려놓습니다. 스승님 모든 것을 내려놓고 맑은 마음으로 봅니다."

五感의 그물에 걸린 것들로
그 만큼 꼬여 끌려 다녔으면
적어도 그 오랏줄은 끊어야

＊ 그물에 걸리지 않는 바람처럼

"맑힐수록 잘 보이는 군요."
"스승님, 이제 점점 깊어집니다.
맑히고 또 맑히어 순수해진 마음을 항상 하게 되니
무엇에 의존하였던 6감을 넘어서는 것 같습니다.
이것이 사라지지 않는, 언제나 나와 함께 하여주는
맑기 만한 완전한 7감입니까?"
"네가 또 그렇게 말하였다."

행복하여라 마음이 깨끗한 사람들

그들이 하느님
하나님
부처님
진리를 뵈올 수 있으리니

＊ 진복 8단의 시작은

"스승님. 마음이 깨끗해질수록 잘 보입니다. 이제 진실 되게 느껴지는 것만을 말할 수 있을 것 같습니다. 어둡기만 하였던 마음속에 신비한 빛을 비치는 따스한 별들이 반짝 반짝 반짝… 하나 둘 찾아드는 것이 느껴집니다."

그 많던 별들 어디 갔을까
사람들 희망만큼 밝았던 별빛 어디 갔을까

별빛
사람 맑은 양심 빛 어두워 질 때 마다
1%의 탐욕 교만으로 민중들 희생 제물로
땅속에 팽겨 칠 때 마다

별빛
인간 눈동자 빛 사라진 만큼 꺼져 왔다
절망 어두움만큼 별들 하늘에 묻혀 갔다

몇 안남은 별들 살아남고 싶다며
인간들에게 통곡 소리 보낸다
대지진, 폭우, 혹한, 폭염, 폭풍, 홍수와 가뭄
화산폭발과 허리케인 번갈아 가며 너의 마음속에

* 별빛이 사라질 때 우리도 사라져 왔다

"스승님
눈을 감으면 깊이깊이 감으면 더 잘 보입니까?
귀를 막으면 깊이깊이 막으면 더 잘 들립니까?
입을 닫으면 굳게 굳게 닫으면 더 맛을 느낍니까?
코를 막으면 굳게 굳게 닫으면 더 잘 맡게 됩니까?
만지지 않으면 더 잘 느끼고 더 잘 알게 됩니까?"

"하나야 너는 이미 알고 있으므로 그렇게 이야기 하는 것이다.
눈을 깊게 감고 마음으로 보아라.
귀를 굳게 닫고 마음으로 들어라.
입을 굳게 닫고 마음으로 말하라.
코를 굳게 닫고 마음으로 맡으라.
피부감각 닫고 마음으로 느껴라.
마음으로 보면 못 보던 진실한 것들을 보게 된다.
마음으로 들으면 듣지 못하던 것들을 듣게 된다.
마음으로 말하면 너의 진실을 전달할 수 있다.
마음으로 냄새 맡으면 새로운 세상 열리게 된다.
마음으로 느끼면 거짓된 것들을 물리치게 된다."

"네가 여태껏 눈으로 본 것은 잘 못 본 것이다.
네가 지금껏 들어 온 것은 다 들은 것 아니다.
네가 지금까지 말해 온 것 그저 소리일 뿐이고
네가 맡아 온 것들은 본질을 맡지 못해 왔었고
네가 피부로 느껴온 것들은 사실이 아니었다."
"사람들은 행복을 찾아 바쁘게 이곳저곳으로 헤맨다.
행복은 찾아 얻는 것이 아니다.
행복은 알아차리는 것이다.
맑고 향기로운 너의 마음으로 보면
깊고 눈물겨운 너의 마음으로 보면

바로 네 곁에 있는 소소한 행복 하나를 알아차리면
다른 행복 하나가 찾아와 너에게 인사를 한다.
바로 네 곁에 있는 작은 기쁨 하나를 알아차리면
다른 기쁨 하나가 스스로 너에게 찾아와 준다.
바로 네 곁에 있는 조용하기만 한 평화 하나 알아보면
하루 종일 하는 평화 슬며시 너에게 스며든다.

눈길에는
말씨에는
손길보다 예민하기만 한 온도가 있다
꽃길에도
산길에도
강가에도 넘치는 따스한 온기 있듯이

*** 진정성의 봉헌 분향**

하지만, 이런 것을 모르는 인류는
어리석은 사람들은
거꾸로 살고 있다.
평화롭지 않은 일을 열심히 하고
진정 기쁘지 않는 일을 골라 하며
참으로 행복하지 않은 일에 골몰하고 있다."

"스승님.
하루하루 이렇게 살면 됩니까?"

“ 네가 또 그렇게 말하였다.
순간순간
지혜를 마시고
기쁨을 먹으며
살아가면 된다.”

이제 스승이 하나에게
장시(**長詩**)를 전달합니다.

인류는 지금 위험하다
매우 위험하다

나도 너도 우리 모두 생명에 심각한 위협을 받고 있다
사람에게 생명보다 중요한 것이 어디 있을까

너도 나도 아무렇지도 않게
하루 또 하루
넋을 놓고 그냥 그렇게 살아가고 있지만

거대한 그림자의 음모에 빨려
사람 하나하나가 모두 위험하다

늦가을에 겨울에 개나리 진달래 피고
세계 곳곳에 유채꽃이 피는 것이
아무 일도 아닐까

자연에서 탄생하여
자연으로 돌아가야 할 인간의 고향
자연이 더 이상 자연이기를 거부하며
비 자연으로 다가오는데 아무 일도 아닐까
그 자연 구석구석 여기저기 소리 지르며 부스러지다가

전체가 뿌리째 흔들어지고 있건만
인류는 하던 어리석은 일들 잔인한 일들을 계속 꾸준히
모든 분야에서 일어나고 있는 인류파괴행위들

사람들 하나하나를 들여다보라
그들은 겉하고 속이 철저히 다르기만 하다
인류모두 가면을 쓰고 속내를 숨기며 부글거리며 살고있다
사람 하나하나가 증오의 늪 속에서 헤어나질 못하고 있다

사람들은 이제 서로 믿지 않는다
　　　수시로 불안에 휩싸인다
　　　마음속 불만이 끓고 있다
　　　불화 계속 팽창 되고 있다

세계 곳곳에서 일어나고 있는 폭동이 무엇을 말하는가
사람 모두 얼굴 겉으로는 억지로 미소 짓지만 깊고도 깊은 곳에서
일고 있는 그 분노는 누가 조금만 동기부여 안기면 터지고 만다
인류 99퍼센트가 1퍼센트에 의해 장악되고 있는
정치 경제 사회 문화 교육 문화 종교 모든 곳에서
'희망' 을 서서히 포기 하고 있는데 이보다 더 심각한 위기 있을까

이제 99퍼센트가 살아남기 위하여
　　99퍼센트의
　　99퍼센트에 의한
　　99퍼센트를 위한
　　99퍼센트의 단결된
혁명이 필요할 때이다

이제 99퍼센트가 사람답게 살기 위하여
99퍼센트가 1퍼센트에 대해 철저히 불복종 할 때이다

모든 곳에서 거꾸로 거꾸로

그것도 힘차게 혁명으로
일곱 분야에서 모두 거꾸로 거꾸로

맑은 비폭력의
시퍼런 지성의
활활 타오르는 횃불을 높이 들고

혁명! 혁명! 혁명!

* 1. 정치에 더 이상 지배당하지 말자

대한민국은 현재 불행한 나라이다
살기 힘든 나라이고 재법 위험한 나라이다

자살률, 이혼율, 저출산율, 교통사고사망자수, 폐암 사망률, 1인당 술 소비량, 근로시간, 저임금 근로자 비중, 공교육 민간부담률, 남성 흡연율, 양극화 지수, 온실가스 증가율, 스트레스와 우울증 환자… 분야에서 OECD 국가 중 1,2위에 있고, 한국 행복지수는 34개국 중 32위이다. 거기에다가 미국 입양 한국 어린이는 아직도 세계 4위. 놀랍게도 살인은 6위, 강간은 11위이다. 이러한 상황에서 '우리는 참으로 좋은 나라에서 산다' 고 할 지성인이 얼마나 되겠는가. 말하기 정말 불편하지만 사실은 상당히 불행한 나라에서 힘겹게 억지로 살아가고 있다는 이야기부터 시작하여야 해결책 나오는 것 아닌가. 국민 모두가 '멘붕' 을 경험해 가며 상심하는 것 자체도 감각둔해졌다. 왜 이렇게 되었겠는가. 누가 이런 기막힌 상황을 만들었겠는가.

바로 정치가 주범이고 행정 사법이 공모하여 고질적으로 꾸준하게 바통을 넘겨가며 저질러 온 '민족행복말살 만행' 때문 아닌가.

유권자의 힘을 더 키워보자 99퍼센트 유권자의 힘을 보여주자.

권모술수에 능하지 않은 사람들. 양심은 접어두고 거짓으로 뭉치지 않고서는 그곳에서 서성이는 사람들이 아니었을 것.

감옥에 갔다가 금세 사면으로 나와 다시 지도자하며
돈 거래로 이권을 주고받는 부정부패 프랜차이즈 = 정치.
매일 매스컴을 도배하는 정치 = 부정부패 창고 형 대형마트.
정치권에 99퍼센트의 힘을 보여주자.

더러운 이름 색깔 무늬만 바꾸는 오염된 지 오래된 양당구도의 틀에서 무엇을 기대할까. 여당 집권해도 구정물 부정부패요 야당 집권해도 쓰레기 통 부정부패였던 것을 금세 잊어 먹는 우리를 그들은 뒤에서 조롱한다. 그 인간이 그 인간인 구조에서 사 오년 기다려 보았자 또 속고 속아주는 우리들을 정치인들은 자기네들 잔칫상 뒤에서 언제나 비웃어 왔다. 선거철만 재래시장 서민 앞 손을 내미는 그들의 두껍기만 한 뻔뻔함 보라. 대통령 선거 몇 달 전 부정 재벌 몇을 감옥에 몇 달 넣어 두었다가 선거 끝나면 바로 풀어 주기를 반복하는 그 들의 질긴 호두알 속을 절개하여 그 안을 들여다보고 싶지 않은가. 도대체 어떤 DNA 서열이 널브러져 들어 있기에, 가만 놓아두어도 불행한 국민들을 어떻게 그렇게 꾸준하게 괴롭히는 더러운 짓들을 계속 할 수 있는지.

이제 1퍼센트 정치권이 자기들 밥그릇을 위하여
99퍼센트를 보수로 진보로, 동으로 서로
늙은이로 젊은이로 반으로 쪼개는 교활한 생쑈음모에서 탈출하자.
99퍼센트가 정당보다 큰 힘이 되게 하자.

SNS의 따끈한 단결된 힘으로 정치권을 우선 반으로 줄이도록 해보자. SNS를 통한 정치권 반 토막 운동을 펼치면서 국민 전체를 도덕 불감증에 빠트리는 '불치 부패 협잡 바이러스' 에 감염 된 현역 정치인을 전부 몰아내 보자. SNS를 통한 직접 민주주의와 반으로 줄어든 정치권을 통한 간접 민주주의 혼합으로 사안 별로 나누어 나라 운영을 할 때이다.

모든 정책과 모든 후보자들은 정밀 분해 분석 검증되어야 한다. 자기네들 이권 때문에 이에 반대하는 정당과 후보에 몰표로 낙선시켜 보자. 이 작은 나라에 그 많은 시끄러운 정치인과 정책들이 있다니. 정치권을 유지하기 위해 또 그 많은 선거를 위해 증발되는 엄청난 국민들의 혈세. 그 돈은 바로 내가 지금 안타깝고 절실하게 필요한 나의 돈이지 않는가. 정치권 미치광이 놀이에 불쏘시개로 타 버리는 국민 하나하나의 그 아까운 내 돈. 그 돈으로 노인 복지 사각지대도 극빈자 구제까지도 해결된다.

매일 매스컴을 도배하는 정치인들 검은 돈거래 소식 너무 피곤하다. 이런 속성의 정치권을 반으로 줄이면 소음 반으로 줄어든다. 대통령을 비롯하여 반으로 줄어든 정치권 구성원 전원 매월 두 번 씩 명상, 국민윤리, 철학, 기본 도덕, 봉사자 소양 교육 등을 실천적 방법으로 교육 받도록 하여 인간으로서 기본을 항상 유지 하도록 하고, 정치인과 그와 관련된 연루 범법자 처벌을 감형 사면 없는 고액 추징금과 가중 체벌규모를 현행 열배로 늘려 '국민피로 가중 괘씸죄 = 종신 형' 이라는 인식 그리고 정치자금 없이 정치를 할 수 있는 패러다임이 정립되어야 나라가 살고 국민 하나하나가 행복하게 된다.

세계적으로 군사비 지출이 1조 7천억 달러나 된다. 각 나라마다 정치의 핵심에서는 국방이라는 그럴듯한 명분으로 사람 죽이는 산업을 나날이 발전시키고 있다. 강대국의 패권주의에 우리가 농락당하여 온 것이 한국 역사이다. 이들이 살인 산업 발전을 위하여 한국을 비롯하여 세계 곳곳을 번갈아 가며 정치의 정중앙에서 모략을 짜서 일부러 전쟁을 일으키는 일은 이제 비밀도 아니지 않는가. 그 돈의 일부 부스러기만으로도 세계의 기아는 해결될 수 있다.

정책도 양심과 원칙으로 하면 아주 간단하여진다. 국민이 피로하여지지 않는다. 국민 하나하나가 스트레스에서 벗어나 건강해진다. 국민 건강을 매일 해치는 시끌시끌거리는 정치권 소음 줄인 뒤

매일 정치권에서 스트레스 받는
그 시간에 숲을 찾아 맑은 노래나 불러보자.

* 2. 현대 경제 틀 속 더 이상 착취당하지 말자

1퍼센트는 99퍼센트에게 어떻게 하고 있는가.

죽는 순간 죽은 후에도 대를 물려가며
끝까지 쥐어짜려 빚을 지게하지 않는가.

거대한 서양 경제 틀에서 이제 벗어나자.
빚을 내어 생활비로 쓰는 사람이 점점 늘어난다.

많이 사고 많이 마시며 많이 먹고 많이 쓰면서
빚 속에 살다가 빚 속에 죽어갈 수밖에 없는 것이 서양 경제의 틀.
남과 수시로 비교하게 만드는 서양 경제의 그림자 음모에 사람들은
남과 같아지려고 밤낮으로 일해도 욕망을 채우지 못해 절망한다.

빚을 내어 '뒤쳐짐 착시현상' 에서 벗어나고자 안간힘 써보지만
늘어나는 빚과 이자에 민중들은 분노한다.
힘들게 일하고 또 일한 것도 모자라 자식 손자 대대로 그 굴레에서
벗어나지 못하며 불만만 키워나가야 한다.

'1퍼센트 착시효과' 가 무엇인가. 1퍼센트는 문화를 통하여 그들의 멋진 모습을 각본에 의해 연출한다. 1퍼센트의 편하고 여유로우며 번지르하고 힘 안 든 모습을 99퍼센트는 닮고 싶어, 그들이 걸친 비싼 것을 갖기 위해, 그들이 짜 놓은 함정에 돌돌 말려 돌아가며 평생 힘들게 삶을 누렇게 탕진하여 간다.

살아가며 끊임없이 타인을 나와 비교하게, 사람들 마음속에 교묘한 찬바람 넣는 1퍼센트. 실제 있지도 않은 허구에 숫자만 부풀리는 그 탐욕 거품자체의 주식 파생상품 집단 그리고 부동산 허구.

경제권의 허황된 패러다임을 무너트리자. 추운겨울에 덜덜 떨며 물대포 맞아가며 데모한다고, 찾기도 힘든 돌 몇 개 찾아 집어 들고 던진다고 그들이 주식시장의 허구를 바꿀까. 그들이 높은 곳에서 내려다보며 샴페인을 기울이고 실실 거리면서 조롱하는 눈초리가 모든 것을 말해준다.

방법은 하나밖에 없어 보인다.
대규모 불매운동의 실천이다.

그들을 위해 그들이 만든 그들의 덫에서 벗어나려면, 그들이 만든 모든 경제 거품상품에 투자를 당장 중지 하여야 한다. 주식 파생상품 사지 말아 99프로의 힘 보여주자.

1프로는 99%가 진이 빠질 때 마다 만들어진 거품을 먹고 사는 인류 악성 돌연변이 종족이다. 자기들이 먹으려고 스스로 만들어 놓은 그 많은 덫 거품들. 99프로의 희생 제물로 이루어진 그 거품들. 십년 정도 주기로 서민들 제물삼아 빚 잔치벌이는 그 거품들 꺼지도록, 이제 사는 문화에서 '사지 않는 문화정립' 이 절실하다.

이제 혁명이다.
1퍼센트의 술수에 속아 머리가 텅텅 빈
고가 수입품 옷을 입고 다니는 어린이와 학생들을 질시해 보자.
번쩍거리는 것을 걸친 여인을 애인으로 하지말자.
고가상품을 가진 남자를 연인으로 하지말자.
비싼 것만 골라 먹으려는 사람을 경멸해 보자.
고급만을 고집하는 친구들을 멀리해 보자.
명품 차 타고 다니는 이웃들을 경시해 보자.
이들 모두를 천박한 인류로 분류해 보자.

99퍼센트 싸늘한 경멸 눈초리로 거품을 걷어내자.
그들에게 싸늘한 시선이 질어지는 사회 분위기를 만들수록
거품은 빨리 사라진다. 불행의 거품 걷어진다.

명품을 도저히 갖지 못하는 대중은 짝퉁이라는 것을
고가에 매입하지만 진품에 대한 갈망과 절망으로
눈동자는 더욱 악어의 눈처럼 탁해져 간다. 또한,
현대인들은 신상 명품을 숭배하도록 조정되어 왔다.
신상 명품은 사람의 영혼을 하루 세끼로 먹고 사는 악마다.
신상 명품을 찾아다니는 모습은 불나방이 불구덩이 곁을 돌다가
결국은 불속으로 뛰어 드는 것과 다름없다. 명품 신상을 향하는 한
마음속 만족은 있을 수 없다.

하루도 쉬지 않고 고가 신상 명품 이미지를 99퍼센트의 망막에 자극을 주는 1퍼센트는 99퍼센트가 가진 그리 오래되지도 않은 상품과 서비스에 시대에 떨어진다는 이미지를 전달하려 골몰한다.
그것도 99퍼센트를 이용하여.

명품시장이 꺼지게 하는 것이 99퍼센트의 일차 목표이다.
거품 고급 고가 시장이 꺼진다고 시장경제가 크게 흔들리지 않는다.
실패한 공산주의 사회주의에 대신하는 민중의 혁명은 무엇인가.
고가의 상품과 서비스를 갖기 위해 밤낮으로 영혼을 파는
대중의 봉기는 명품 거부하기 운동이다.
그것들을 갖지 않으려는 노력만으로도 사회적 분위기 조성만으로도
민중은 피곤한 삶에서 벗어날 수 있다.

이제 불비타인(不比他人) 운동을 생활화 하자.
사람을 끊임없이 비교하게 만들고
사람이 '무엇을 갖는 양이 바로 행복의 양' 이라는
서양 경제의 틀 속에서 인류는 퇴화하여 왔다.
앞에 먹이를 달아 심장이 터지도록 달려야 하는 개들의 경주에
99퍼센트 사람들, 개처럼 달리고 있다. 개들은 옆 개와 비교하며
달리고 결국은 가짜 먹이도 먹지를 못한다. 그 개는 바로 당신.

사람이 쌓아 놓으려는 그 재산이 주는 기쁨보다
그 재산이 사람에게서 앗아가는 것이 훨씬 많다는 것을 알게 하자.

1％들은 자기네 들이 사기를 치고 폭력을 휘 두르며 탈세 뇌물 등 온갖 부정 불법 행위를 해도 1 주일도 못가 잊어버리고 마는 99％를 속으로 조롱한다.

99％의 혁명 방법이 무엇인가. 사지 않는 것이다.
나를 구하고 너를 구하며 99%를 구하는
'99 동맹' 을 만들어 조직적으로 사지 않는 것이다.

사회에서 떠들썩한 불법을 저지른 회사 경영진의 제품과 서비스를 소비자들이 혁명적으로 단결하여 6 개월간 철저히 불매하는 분위기를 만들면 그들이 99 % 앞에 그렇게 오만 할 수 있을까.
불법을 저지르며 99 %의 마음에 쉽게 불을 지를 수 있을까.

얼마든지 소외계층과 더불어 행복하게 상생할 수 있다.
초등학교도 마치지 못한 브라질 룰라 대통령을 보라.
1억 9천만 명에게 희망 안긴 그의 '눈물 젖은 진정성' 을 보라.
Bolsa Familia 는 빈민 2천만 명을 중산층으로 도약시켜 빈곤을 해결하고 부채를 척결하여 8년 만에 세계 경제 8대 강국이 되었다.
경제복지 우선하며 '같이 살아가려는 기본정신확립' 이 먼저다.

허구 거짓덩어리 주식 부동산 명품 신상시장에 관심가질 시간에
산을 찾아 시원하기만 한 메아리를 들어보자

* 3. 현대 사회 구조에 더 이상 농락당하지 말자

사람을 계층으로 나누어 만들고
그 속에서 끊임없이 탐욕을 키우는 사회 구조
이 사회 구조 속 전체가구의 60 %가 위기상황이라 한다

동물에 번질번질한 가면들을 씌어 놓은 것이 지금의 인간 아닌가. 맑은 양심이 사라진 축축한 그늘 속의 성난 야수들. 사회 전체에 흐르는 자극을 또 자극하는 물결. 민중들은 점점 더 강한 자극을 찾아 술과 담배 그리고 마약과 섹스에 두 발을 담그며 비틀거린다. 사람들은 심심하고 소소하며 잔잔하고 은은한 곳에서 행복이 숨 쉬며 살고 있다는 것 잊고 그저 야수로 살아가고 있다. 그렇게 사는 지도 모르는 채.

그 동물들은 시멘트 우리에 갇혀 살고 있다. 국민의 90프로가 도회지 시멘트에, 국민의 반이 수도권에 살며 무엇을 기대할 수 있을까. 우리 모두 시골로 돌아가자. 도회지를 탈출하여 보자. 우선 노인들이라도 도회지를 떠나 보자. 남은 삶을 그 시멘트 우리 매캐한 쇠 목걸

이에 묶여 탕진할 것인가. 국민 모두가 쇼핑하러 머리 날려 다니는 시간에, 도회지에서 방황하는 시간에, 시골에서 조용히 묵상하며 살아보자. 자연 속 시골 속 사는 기쁨이 행복바이러스 되게 하자.

각 계층을 스스로 만들고 그것을 배경으로 자기네들 집단을 만들고, 무엇이 조금 다르다는 아주 간단한 이유만으로, 나와 다른 집단은 무조건 배격하려는 서구사회의 구조는 역사를 폭력, 분쟁, 전쟁으로 피범벅이 되게 하여왔다. 이 역사 속 아이들은 그들이 스스로 부딪히며 깎인 모난 돌을 집어 들고 남이라는 이름에 던진 지 그리하여 그들 스스로 빤질거리는 차돌들이 된 지 오래 되었다.

이제 사람으로 돌아가자.
전설로 전해오는 양심 씨앗 찾아내어, 신화로 내려오는 사람 양심에 물 주어보자.

양심이 사라진 사회구조에 가장은 가장대로 주부는 주부대로 아이는 아이대로 따로 따로 다닌다.
가족이 모래알처럼 되고 만 사회구조에서 무엇을 기대할까.

서로 믿고 서로 의지하며
애들도 자라며 사회에 희망을 갖도록 해보자.
양심만이 해결책이라는 사회 분위기 구조를 만들어 보자.

그동안 사회의 정의가 있다고 믿으라고 하여왔다.
그것은 1%의 음모이다.
사회에 정의가 있다고 학교에서 가르치고 종교에서 평생 가르친다.
1% 가 99%를 지배하기 위하여
역사적으로 짜 맞추어 온 무서운 계략이다.

1% 에게 사기 당하고 농락당해 너무 억울하여
호소를 하여보라.
소송을 하여보라.

권력을 쥐고 있는 조직
정부를 상대로 종교를 상대로
대 기업 사회 조직을 상대로 소송을 하여보라.
1% 의 network 거미줄에 걸려 몇 번 움직이지도 못하고 죽어가는
한 마리의 날 파리 신세가 될 것이다.
검사 판사 심지어는 나의 변호사도
나의 마지막 피를 빠는 모기 거머리임을 알게 된다.

권력과 조직은 서로 서로의 더러운 곳을
감싸고 도와가며 자기의 덩치를 점점 키워온
그 무시무시한 과정을 이해 못하겠는가.

추운 겨울에 최루가스 물대포 맞고 눈물 흘리고 덜덜 떨며
바람 앞에 흔들리고 얼마 못가 훅 꺼지는 촛불 들고
며칠 후면 모두 잊어버리고 마는 내 성대 결절 정도 갖고
내 억울함을 외친다고 사회정의가 이루어 질 수 있을까.
혁명만이 99% 가 살 수 있는 유일한 길임을 왜 모르는가.

몰려다니는 사회 분위기에서 벗어나 세상을 바꾸는
진정한 혁명이 무엇인가를 바닷가 갈매기와 이야기해 보자

* 4. 더 이상 현대 문화의 노리개가 되지 말자

서양인의 문명에서 탈출하자
세계를 지배해온 불과 2백년 정도 밖에 안 된 그 문명 돌아보라
그 피해가 얼마나 심각한지
　앞으로 더 몇 십 년을 가속도가 붙은 서양 문명에
　인류가 휘말린다면 인류의 멸종은 확실할 것이다

마음 둘 곳이 없어 머리 풀어 헤치고 헤매는 지금의 인류에게
더 많은 쓰잘데 없는 지식과 정보, 더 많은 얄팍한 과학과 기술이
인류에게 안식을 가져다 줄 것이라고 믿는 지성인은 이제 없다.

권력과 부의 편중은 1퍼센트로 몰리고
좌절과 억울함은 99퍼센트에 독버섯처럼 퍼져 보편화된 데는
서양문화의 검은 그림자가 저지른 음모가 있었다.
얄팍한 편리함의 기계문명은 99퍼센트가 생각하는 것보다
훨씬 더 깊이 아주 넓게 우리의 행복을 앗아간 지 오래다.

우리는 서양 문명으로 인해 사람의 인간다움을 빼앗겨 왔다.
끝없이 사람들의 욕망을 부추기며 경쟁으로 내몰리게 한
그들의 문화는
전쟁과 자연 파괴의 중심에 서고
정치, 경제, 사회, 교육, 종교의 어두운 배경이 되어 왔다.
사람이 사람을 노예로 하는 그들의 문화가 보이지 않게
지금 우리들을 혹독하게 노예로 삼고 있다.

단순함과 검소함이 문화에 깃들게 하자. 화려하고 시끄러운 서양 문화의 찌든 때를 동양 문화의 맑은 시냇물에 빨래 방망이 내려치어 깨끗하게 빨아내자. 음흉한 서양문화는 사람들을 1퍼센트가 만든 틀에다가 집어넣고 서로 닮으라고 유혹하며 서로 닮기 위해 먹고 마시고 바르고 쓰고 타라고 채찍질하여 왔다.

'보다 느리게 보다 낮게 보다 약하게' 구호 아래
문학, 노래, 춤, 그림의 문화올림픽을 열어 보자.
금 은 동 메달 대신 서로 경쟁하는 대신
꽃을 주고 나무를 주며 풀잎을 주어보자.
세계의 모든 사람들이 모여 이렇게 해보자.

서양 문명은 하루를 일천사백사십 조각을 내고 사람들 마음을 일천사백사십 조각으로 잘게 썰어 살도록 했다. 그 많은 조각도 모자라 일천사백사십 조각을 팔만육천사백 조각으로 더 잘라 숨을 쉬게 하지 않는가.

'해질녘 만나자. 동튼 후 밥 먹은 후 동네 어귀 큰 떡갈나무 밑에서 보자' 라고 했던 동양의 여유로운 문명은 서양 문명에 의해 팔만

육천사백 조각으로 난도질 당한지 오래다.
하루가 하루 같고 매일이 매일같이 빨리 빨리 바쁘고
숨을 헐떡이며 고통스럽게 살아야만 한다는 그 서양 문명의
틀에서 탈출하여 보자.
'시간이 돈' 이라는 격언 같아 보이는 서슬 시퍼런 계략 속에
돈으로 환산 안 되는 것은 예술도 삼류로 구분되는
이 저급한 서양문화 패러다임.

그대 작기만 한 한손에 쥐어진 얄팍한 편리함이 그대 두 발을 묶고 그대 마음을 꽁꽁 묶어, 삶 전체의 여유를 빼앗아, 그대 속에 무엇인가 씻어지지 않게 항상 하는 그 찝찝한 불쾌함을 왜 읽지 못하는가.

보다 불편하게 좀 더 간소하게 더욱 가난하게 살려한 만큼
딱 그만큼 인류는 풍요롭게 된다.
불필요한 것은 내가 만들어 가는 것이다.
불필요한 것을 많이 끄집어내어 나 자신을 자유롭게 하자.

먹는 문화는 어떠한가. 전 세계 식량의 3분지 1일 미국 식량 2분지 1은 쓰레기통에 버려진다. 한국음식 문화도 심각하지 않은가. 그 많은 음식 찌꺼기들은 바로 우리 쓰레기 찌꺼기 문화 상징이다. 많이 먹고 많이 술 마신 딱 그 정도 많은 병 생기고. 많이 가지려 하는 딱 그 만큼 많은 정신적 병들이 생긴다.

대한민국이 어지럽게 비틀 비틀거리며 돌아가고 있다.
매일 598만 명이 맥주 952만병, 소주 896만병을 마시며 성인 6~7명 중 한 명은 취할 정도로 술을 마신다.
매일 ' 내편 ' 만들기에 골몰하거나 매일 화가 치밀어서 마신다.
왜 병들어 빨리 죽으려 하는가.
병원마다 넘치는 그 많은 암 환자들은 바로 나의 부모이고
나의 자식들이며 나의 형제들이다. 또한 바로 나이기도 하고.

전국곳곳에 퍼져있는 퇴폐 문화도 모자라 세계 곳곳 신문에 자주 보

도되고 있는 매춘 한국인 모습 앞 과연 경제 규모를 말할 수 있을까. 중남미 마약, 한국은 매춘으로 상징 매도되는 것이 참담한 현실이다. 길거리 넘쳐나는 술집 유흥점이 병들은 한국 문화 말해준다. 왜 술 접대를 하고 돈을 밑으로 주어여야만 모든 일이 이루어지나. 이런 문화를 끊으려는 꾸준한 사회적 분위기 조성 없이는 한국사회 가정 개인의 건강한 생활은 이루어 질 수가 없다.

더 밑에 'ㄹ' 자 하나가 나와 너 그리고 나라를 살린다.
더 먹기보단 덜 먹고
더 마시기보단 덜 마시며
더 가지기보단 덜 가지려 하여보자.

이렇게 사회 모든 곳에서
문화 가치의 척도를 변화시키는 분위기 속에서
우리의 아이들이 칼로 베고 폭탄으로 대량 학살을 즐기는
게임 문화에서 벗어날 수 있도록 하여 보자.

인간성 회복 운동을 하도록 하자. 모두가 인간미를 잃어버리고
온갖 스트레스와 병으로 하루 40명이 자살로 몰리는
이 기막히고도 절박한 상황을 지금 아무도 못 막지 않는가.

작은 것에서 낮은 곳에서
없는 곳에서만 볼 수 있는
무심한 강물에 더 무심한 배 하나 떠 있는 그 찬란한 동양 문화가
세계를 구원하게 하자.

1퍼센트의 문화가 주도하고 왜곡하여 세계는 기술 과학과
자원의 독점현상, 자원 고갈, 부와 빈의 극심한 격차라는
몰락의 길로 굴러가고 있다. 그 길목에서
작은 것이
적은 것이
아름답고 자유로우며 편하고 치유한다는 동양 철학으로

멸망의 지구를 구해내자.

저급한 신문 TV 인터넷 볼 시간에
들판에 나가 풀벌레와 이야기해 보자

* 5. 교육 분야에서 더 이상 양보할 수 없다

일등만 기억하게 하는 비열한 교육 현장에서 아이들을 구해보자

청소년 사망 원인 1위는 '자살'
한해 200명의 학생이 자살하는 무서운 나라.
그 200명 중의 하나가 바로 내 아이라고 생각하는 부모가 얼마나 될까. 어린 학생들이 연평도 사상자수의 몇 배가 죽는데, 지금도 일어나고 있는 전쟁터에서 피 흘리는 학생들을 방조하는 사회. 언론도 학교도 그들의 죽음을 기필코 막으려 하지 않는다.

사교육을 위하여 부모들의 삶이 저당 잡혀 인생을 송두리째 휘둘리고 있다. 확실한 해결책이 엄연히 있는데도 조직의 논리 정치의 논리에 학생과 부모들은 이곳저곳에서 죽어간다. 죽어가는 현장은 전쟁터 아닌가. 전쟁이 매일 일어나고 있는데 방치하고 있는 정부에 아까운 세금을 꼬박꼬박 낸다.
그 전쟁을 치르고 들어간 대학을 나와 취업을 위해 또 전쟁이라는 단어를 사용하여야 하고 졸업생 반 정도가 이 전쟁에서 제대로 살아남지 못한다. 4년간 수업료를 꼬박꼬박 올려가며 받은 대학에서는 무엇을 가르쳤을까. 그런 대학 교수들 자질은 어떤 것일까. 교수들은 대학이 취업 알선 기관이냐. 상아탑 등등 이상하고 궁핍한 논리로 밥그릇 끌어 안는다. 교수들은 매년 철저히 검증되어야 한다. 학생들 길을 못 열어주는 무능력한 교수들은 당연히 매년 퇴출되고 공고되어야 한다.

대학 수를 3년 안에 현재의 3/4 정도로 줄여보자.
줄인 대학을 직업고등학교로 만들어 보자. 중학교 때 적성을 확실히 파악하여 진로 지도하고 고등학교 교육만 갖고도 유기농 농업도 하고

친 환경 공업도 하게 해보자. 그 직업이 당당히 대우받고 존경받는 분위기를 만들어 보자. 유럽의 성공사례가 얼마든지 있지 않은가.

인류는 이미 식량이 무기처럼 되어가고 있다.

대한민국을 고부가가치 유기농 농업국가로 만들어 보자.

중학생이 제일 무섭다는 말은 또 무엇인가.

학교 안에 아이들 목숨과 미래를 송두리째 앗아가는 깡패 조직들이 공권력을 비웃어 가며 그토록 오랫동안 있다니. 불만이 어릴 적부터 씨앗으로 심어진다는 것 아닌가. 그 씨앗에 낡은 지식과 회색 시멘트 물을 준다. 아이들이 자연 접할 시간 빼앗고 교사들 고생시키는 교육. 그 씨앗의 썩은 검은 열매가 주렁주렁 보인지 너무도 오래 되었다.

아이들은 어렸을 때부터 무엇에 익숙할까. 모니터에 앉아 쌍권총으로 쏘아 어른 아이 다른 인종 군인 죽이는 것은 이미 성에 차지 않는다. 수류탄 미사일 정도에 이르러 보이는 것은 다 죽이는 피 범벅 게임 속 빠진 아이들은 실제로 그것을 하고 싶어 하지 않는가.

' 현피 ' 의 현상이 실제로 일어나고 있는데도 무감각하기만 하다. '묻지마 범죄' 의 씨앗이 보이지 않는가. 이제 당장 아이들 손잡고 시냇가에 나가 파란 물소리로 피가 튄 빨간 귀를 닦아낼 때이다.

이런 교육환경 속에서 가정의 혼란이 점점 심화되고 있다.

가정이 공중 분해되는 기러기라는 말을 없애보자.

한 아이를 키우려면 몇 억이 든다는 공포가 젊은이들에 퍼지며

신혼부부들이 아이 갖기를 무서워하지 않도록 하여보자.

교육 하나를 위해 여러 것을 희생하여 경쟁에서 이겨내야 행복할 수 있다는 구세대 '새마을 운동' 망령에서 벗어나자. 돈은 못 벌어도 돈 이외의 가치들이 인정받아 즐겁게 내가 하는 것을 하고 사는 것이 행복이라는 것을 깨우치게 하는 교육 현장이 되게 하자.

덜 가져도

더 많이 더 가치 있게 존재할 수 있다는 것을

어렸을 때부터 교육시켜 '미래 희망 촛불' 을 밝혀보자.

애들 교육에 모든 것을 희생할 시간에
부부가 손잡고 신선한 바람이 놀러 나온 곳 산책을 하여보자

* 6. 환경은 우리의 시급한 생명문제이다
    자연은 자유이며 해방이다
    그리고 자연은 우리 마음의 고향

우리 고향에 불을 지르는 일을 우리 손으로 매일 하고 있다.
왜 그렇게 필사적으로 개발이라는 명목으로 자연 파괴에 나서며
그것을 성장이라는 숫자에 편입시키려 집착을 할까.

인류는 모든 것을 자연으로부터 부여 받은 것을 감사하게 받아쓰는 존재이지 자연을 벗어나 무엇을 만들어 내는 존재가 결코 되지 못한다. 인간이 자연에 전적으로 의탁하고 사는 작은 존재임을 망각한 모든 인류의 행위는 결국은 서서히 인류를 파멸로 이끄는 행위였고, 그 결과는 이제 자연이 더 이상 수용하기 불가한 막다른 낭떠러지에 와 있다.

인간이 자연 앞에 작은 존재인 것을 깨닫게 하고
삶의 모든 면에서 작은 것을 추구 하여야 한다.

여름을 겨울로 만들려 하고
겨울을 여름으로 만들려 노력한 인류여
    소원 성취하여 겨울 녘에 꽃피고
    여름 녘에 우박 쏟아진다고 아우성치면서도
    일주일도 안 되어 모두 잊어버린다.

기상 앞에는 '폭' 자가 붙어 간지 오래 되었다. 폭염, 폭설, 폭우 폭풍. '폭' 자 앞에 매년 수많은 사람이 죽어도 사람들은 무감각하기만 하다. 며칠 안 되어 잊어먹고 그저 남의 일이려니 하지 않는가.

봄의 정겨운 모습인 꽃가루가 날리면
사람들은 쉴 사이 없이 터져 나오는 재채기로 숨을 못 쉰다.

생명의 시작인 계절에 그것도 아름다운 꽃의 숨결.
그 자연의 인사 앞, 부자연스럽게 사람들은 눈을 못 뜨고
눈물 흘리며 고통스러워한다. 아이들의 피부에 낫지 않는 병들이
아이들의 영혼을 무섭게 괴롭힌다.
잡초는 햇빛이 없어도 물 자양분이 모자라도 자란다.
그 독한 잡초를 죽이기 위해 심한 독성의 약을 뿌리고 또 뿌려
농토는 생명을 죽이는 화학약품에 푹 절여진 지 오래다.
그 곳에 자란 야채들을 먹고 그 곳에서 자란 건초들을 먹은
소들의 우유와 고기를 먹고 소가 미치고 사람이 미쳐나간다.

온갖 제초제와 살충제에 절은 야채들과 과일.
그 수많은 농약을 친 사료를 먹고 호르몬을 맞으며 자라는
소 돼지 닭들.
그 가축을 키우기 위해 세계 농작물의 3분지 1이 소비된다.
그렇게 키운 고기들을 먹고
그런 사료들로 키운 수산물을 먹고
그 큰 병원들을 가득 채우고 넘치는 암 환자들.

바로 눈앞 어두운 잘못된 계산의 착각 속에 실천하지 못할 뿐
구제작업은 얼마든지 친환경적으로 할 수 있다.

이제 유기농만 먹을 수 있는 환경을 만들어야 한다.
환경 변화로 인하여 전 세계 농지의 사분지 일이 이미 척박한 땅이
되었다. 인구증가로 식량은 더 필요한데 세계 대국들 식량을 무기로
삼는다. 한국 = 유기농업 국가라는 이미지 확립으로
세계의 농업 모범 국가가 되어보자.

또한 꼭 자동차를 타고 다니는 문화에서 탈출해야 한다.
자동차 산업 육성이라는 음모에 휘말리지 말자.
고급차 타려고 나의 생을 태워버리는 우리들 아닌가.
서울에서 숨쉬기가 얼마나 불편한 줄 아는가.
친환경 대중교통에 의존하지 않는 사람들은
비 지성인이 되는 환경을 창조하여 나가자.

자동차 길이 있는데도 또 그 옆에 길을 닦고
바로 그 곁에 또 길을 내어 전국이 길 천지인데
다시 길 공사를 전국 곳곳에서 한다.
그런데 안전하게 사람 걸어 다닐 길도 없고 자전거 길도 없다.

제발 이제 그만 길 좀 만들지 말자.

그 동안 만든 자동차 길 중 하나 둘을 사람만 다니는 길
자전거만 다니는 길로 만들어 보자. 전국이 이 길들로 서로 연결
되게 하자. 가로수가 몇 겹인 울창한 숲길로 만들어 보자.
세계 최고 관광자원이 될 것이다. 모범국가 모델이 될 것이다.

하늘 보라. 생명의 빛인 별들 안 보이는 것이 별일이 아닐까.
희망의 빛인 달이 뿌옇게 보이는 것이 정말 아무것도 아닐까.
별빛이 안 보인다는 것은 생명의 빛이 안 보인다는 것이다.
별빛 회복 환경 회복보다 더 우선적인 것이 있을까.

이 세상을 천천히 둘러보자.
모두 살려고 하는 것들 뿐이다.
오로지 인간만이 살려는 것들에 둘러 싸여
유난히 인간만이 죽으려는 일에 골몰하고 있다.

이제 그만

들에 나가
강가에 나가
숲길에 나가
산기슭에 나가
바닷가에 나가

걸으며 자전거 타며
별들이 발돋움 하고 등불을 들고 돌아오게 하자

*7. 종교 지도자들의 마음에 99퍼센트의 종소리 울려보자

종교 지도자들 이제 속일 만큼 속였다
참으로 오랜 시간 속이고 또 속였다
이천 몇 백 년 동안 참고 또 참았지만 변한 것은 없다

신은 왜 그렇게나 오랜 시간을 침묵할까.
종교지도자들의 현란한 혀 위에서 오랫동안 놀려진
신들은 이제 쇠잔하여 그들을 떠난 지 오래도 되었다.

자기네들은 용서 안하며
우리들에게 용서하라 가르쳤고
자기네들은 사랑 안하며
우리들에게 사랑하라 다그쳤고
자기네들이 평화를 해치며
우리들에게 평화를 강요하여 왔다.

성경
불경
코란
마하바라타, 라마야나
그 자리에 그들의 밥그릇을 올려놓고
두 손 합장하고 무릎 꿇고 절을 하여 왔다.
민중들 보는 앞에서만.

저들이 99%가 입지 않는 그럴싸한 비싼 유니폼을 입고
연출된 매우 엄숙한 얼굴로 자기네들 밥그릇에
고개를 조아리고 또 조아릴 그 시간에
그들의 스승이 돌보라고 명령한 불쌍한 사람들은 소외되어
병들고 굶주려 죽어간 것이
등나무처럼 칡넝쿨처럼 뒤틀려진 인류의 역사.
지난 과거 전쟁의 뒤에는 항상 사상의 가면을 쓴

종교가 모략 중심에 우뚝 서 있었다.

모래알 보다 많은 젊은이의 가슴을 갈랐으며 바닷가 물방울 보다 많은 어린애와 여인들 기본적 희망마저 잘라내었다. 그것도 모자라 지금도 곳곳에서 순진한 사람들에게 증오를 촘촘히 심어주면서 그 노련한 입을 날름거리고 있다. 이만 명의 소중한 생명이 지진으로 죽었는데 가련한 그들 영혼 앞에 그것이 신의 뜻이라 하고

이 사찰에서 하는 것에 저 사찰들은 모두 등을 돌리며 자비와 광명의 목탁을 두드린다. 스승의 뜻과는 정반대로 더 크고 더 높은 금색 입힌 불상이 있어야 불자들이 많이 모여 든다며 경쟁한다. 건들거리는 닭 벼슬보다 못한 승려벼슬에 마음두다니.

주지선출을 위한 산중총회 돈 살포, 총무원장 선출 각목폭력, 치매 방지용 호텔방도박, 룸살롱 향응, 종회계파의 권력싸움, 사찰 기업화, 승려 퇴폐 화, 재정 불투명으로 악취가 진동을 하는데 근본적 각성 없이 공염불 쇄신. 시간이 가면 모두 잊어 주겠지 하지 않는가.

수니파와 시아파가 서로 심각한 분쟁을 하기 전에 뿌리 깊은 무슬림 여성 문맹률을 비롯한 인권문제 그리고 심각한 빈부의 격차를 해결하는데 우선하여야 하는 것 아닌가.

누가 악마인가

사람을 살리는 것이 종교인가.

사람을 죽이는 것이 종교인가.

태양은 하나라는 명분 아래 그 많은 사람들을 죽여 온 것도 모자라
현대 과학 문명의 빛이 저리도 선명한데 아직도 거짓말을 한다.
태양은 하나가 아니라 보이는 것만도 몇 개 이며
사람의 삶 방식이 하나가 아니라 얼마든지 다양하게 살 수 있다.

분쟁과 전쟁의 당사자이며 가해자인 종교는
이제 그만 스승들의 거룩한 가르침으로 돌아갈 때가 되었다.

기독교만 해도
성서 어디에도 교회에 대한 헌신도를 측정하여 천국에 든다고
되어 있지 않다.

자기네가 레위지파가 아니면서도 헌금 부분만 그 십일조를 문자 그대로 해석하여 십일조를 하여야 하느님 축복을 받는다고 하는 것은 면죄부 다단계 판매 상술 정도의 유치한 발상이지 않을까.

그것도 모자라 교회 입구마다 예쁜 봉투에 여러 모양으로 빼곡히 꽂혀 있는 것이 있다.
십일조, 월정헌금, 주정헌금, 주일헌금, 감사헌금, 선교헌금, 건축헌금, 구제헌금, 구역 예배보고서, 부활, 성탄, 신년, 추수감사 헌금은 기본에다 출생 헌금 ,순산 헌금 ,백일 헌금, 돌 헌금 ,생일 헌금, 결혼헌금 ,결혼기념헌금, 환갑헌금, 장례헌금, 치유헌금, 수술헌금, 기도응답헌금, 주님 영접헌금, 일천번제 예물 이밖에도 얼마든지 있다. 조금이라도 쥐어짜려는 연구가 어디까지 진행될지 흥미진진하다.

성서의 완성인 신약 중 고린도후서 9장 7절에 헌금 기준 명확하다.

- 저마다 마음에 정한대로
- 마지못해 하지 말 것
- 억지로 하지 말 것

그리고 최후의 심판 기준은 진실로 말한다고 강조되며 명확하게 '너희는 내가 굶주렸을 때에 먹을 것을 주었고, 내가 목말랐을 때에 마실 것을 주었으며, 내가 나그네 되었을 때에 따뜻이 맞아들였다. 또 내가 헐벗었을 때에 입을 것을 주었고, 내가 병들었을 때에 돌보아 주었으며, 내가 감옥에 있을 때에 찾아주었다' 이다.
그들이 장악하고 있는 종교공통체가 2천년 동안 제대로 소외된 이웃을 돌보아 왔다면 벌써 그들은 가난과 고통을 벗어났어야 했다. 그 오랜 세월동안 도대체 무엇을 해 왔기에 아직도 그들은 그 고난 고통 사난 감옥 속에 갇혀 있어야 하는가.
성직자들을 일주일에 하루라도 하루 종일 꼬박꼬박 단식하게 만들었다면 세계는 지금보다 훨씬 살기가 좋아졌을 것이고 매일매일 굶는 소외된 이웃들은 기아에서 벌써 해방되었을 것이다. 성직자들은 그저 일년에 몇 번 남들 보여 주느라 아니면 자기네들 건강관리차원에서 단식

한다. 그들을 매주 하루 내내 굶게 하여 정말 배고픔의 의미를 알도록 만든다면, 그들이 그렇게 오만하지도 않을 것이고 스승들을 욕되게 하는 행동들도 못 할 것이다.

이제 우리는 교회에 내는 헌금 전액을 소외되고 고통 받는 이웃에게 직접 전해 보자. 예수의 시작은 어떠하였으며 그의 평생 그리고 죽음은 어떠하였는가. 그의 가르침 핵심으로 돌아가야 한다.

가난해진 교회에서만이 그리스도의 정신을 볼 수가 있다.

이제 우리 모두
모든 종교 헌금을 당장 중단해 보자.

제 2의 종교개혁이 절실한 때이다.
제 2의 종교혁명으로 인류에게 희망을 안겨주자.

종교 지도자들 모습에서 그들 스승 가르침의 향기가 날 때까지
교회 사찰 사원 지도자들이 굶는 사람 들, 병든 사람들, 고통 받는 사람들과 항상 같이 할 때까지 헌금을 당장 중단하자.
종교 지도자들이 입은 그 위선으로 똘똘 뭉친 유니폼을 벗기고
그들 스승의 남루하지만 한없이 겸손한 옷을 다시 입혀보자.

모든 헌금을 중단하여 교회가 당장 완전히 망하여야
그리스도가 살고 세계의 비참하고 불쌍한 이웃들이 살며
진정한 교회가 부활하여 다시 살아날 수 있다.

제일 중요한 계명은 두 가지.
하느님 사랑이고 이웃 사랑 아닌가.

그렇다면 그리스도 정신을 살리고 소외된 이웃을 살리기 위해
탐욕으로 이글거리기만 하는 교회가 망해야 되는 것 아니겠는가.
세계의 모든 사람들이 그들 스승을 진정으로 찬미하며 따를 수 있도록
등을 보이고 떠나간 그 많은 사람들이 다시 교회로 사찰로 사원으로
돌아오도록 교회, 사찰, 사원은 나가되
당장 헌금을 중단하여 보자.

현대교회에서 말하는 것은 세 가지에서 벗어나지 못하고 있다.

첫째 많이 모여라.
둘째 돈 많이 내라.
셋째 크게 교회 짓자. 이다

이 세 가지 말은 예수 가르침하고는 멀기에 예수는 교회 안에 있지 않다. 교회는 특정 공간이 아니며 건물도 아니다.
큰 건물의 교회는 그저 성직자의 오만과 과시욕
신자들의 교만과 자기 만족의 시멘트 덩어리일 뿐이다.
스승은 건물 안에 있지도 않고 스승 가르침이 그저 성직자들의 입에서만 돌돌 말려있는 그곳에 서성이는 이들은 무엇을 바라고 있는 사람들인가. 또한 그렇게 키운 교회 대물림까지 되고 있지 않은가.

종교 지도자들은 그들의 신을 빙자하여 신이 아닌 교회, 사찰, 사원 큰 건물을 우상숭배 하도록 99% 를 선동하여 왔다.

> 교회 사찰 사원 지도자들 가까이 할 시간에
> 바닷가에서 가족들과 함께
> 파도 구경이나 해보자

하늘은 높은 것이 바다는 넓은 것이 속성이듯이
1%의 속성은 99%가 서로 화합됨을 내심 거부하는데 있다.

사회가 따로 있고 문화가 따로 있으며
교육 환경 종교 정치 경제가 따로 있을까.
정치 경제 사회 문화 교육 환경 종교는 하나이다.
정치 종교 두 분야만이라도 깊이 들여다보라. 그들은
민중이 서로 하나 됨을 절대로 원하지 않는다. 그들은
99%가 끊임없이 반목하고 싸우도록 교묘한 책략을 쓴다.

99%가 서로 갈라지는데 에서 그들의 원천 밥이 나오지 않는가.
모든 분야에서 1%가 서로 한 뿌리로 연결되어
지구 전체를 패망으로 내 몰고 있는 현실에서
'거꾸로 거꾸로 혁명' 으로 세상이 거꾸로 되도록
우리 모두 하나 되어야 한다.

지구의 모든 생명들이 자연 속에 생명이 연결되어 있듯이
우리는 남이 아니고 서로가 긴 뿌리로 연결되어 있는 하나이다.

그저 부호 'ㅁ' 하나 차이일 뿐인
나와 남을 '우리가 남이가' 라는 이상한 보존 본능을 만들고
기회 있을 때마다 철저히 갈라 여러 갈래로 편을 만들어
1% 가 교활하게 지배해온 인류 역사를 거꾸로 할 때이다.

너와 나 우리 하나이고
자연과 우리도 하나이다.

이 세상의 모든 조직에 도사리고 있는 그림자
조직과 권력의 폭력 그림자에서 대탈출을 감행하고
너와 내가 하나가 되고
자연과 우리가 하나가 되는 길을 막는 모든 음모에서

우리 모두 '인류 대탈출' 을

혁명을!
행복 혁명을!!

'거꾸로 거꾸로'
행복 혁명을!!!

* 거꾸로 혁명 선언문

하나에게 장시를 전달한 후에, 스승은 스승 앞에 스스로 천천히 공중 부양된 낡고 먼지가 자욱한 상자 하나를 전해 줍니다.

역시 침묵 속에 대화가 이어집니다.

"하나야 선물(Present) 이란다."

"스승님, 안에는 아주 낡은 시계가 들어있군요."

"그렇다."

"왜 시계를 주십니까? 고장 난 것 같은데요.
움직이질 않습니다. 제 마음이 고장 났습니까?"

"그렇다."

"시간을 재는 과거의 시간과 미래의 시간은 모두 고장난 거짓덩어리 입니까? 현재 Present 만이 스승님께서 주시는 선물(Present) 입니까? 저의 고장 난 마음을 고칠 수 있는 선물입니까? 제가 그리고 인류가 영원히 가슴 깊은 곳에 간직할 스승님의 선물입니까?"

"현재에 머물지 않는 것은 모두 진실이 아니며 그야말로
아무것도 아니라는 것을 그렇게나 강조하여 주십니까?"

"그렇다."

너와 나는
황金을 가지려 태어난 줄 안다
평생을 헤매며

우리는
지金을 가지려 생명 부여 받았다
행복하기 위해

* 노다지 광산 속

“세 번 그렇다 라고 말씀하시네요.”

“하나야 이제 너의 대답을 다 들었구나.”

촛불 하나 들고 작은 뒤뜰 나서는 노인 뒤로
정체 수상한 밤바람 소리
혹독하게 여윈 불기둥 이리저리 몸 비틀다가
후훅 흐느끼며 소멸된다

노인
눈 감고 귀를 닫아본다
불 다시 저절로 켜진다

조금 덜 듣는 만큼
딱 그만큼
복잡하지 않은 세상

조금 덜 말한 만큼
딱 그정도
꼬이지 않던 기억

돌아왔기에

* 늦가을 장엄 강복

하나는 뜨겁고도 맑은 진실의 눈물을 다시 흘립니다.

“스승님

스승님 나의 스승님
떠나시려고 하시는 군요."

스승은 자기의 가르침이 하나의 가슴에 깊이 깨달음으로 새겨지는 것을 봅니다. 스승은 이제 빛나는 미소 속에 보랏빛으로 안개처럼 서서히 부스러지며 사라집니다.

보랏빛으로 안개처럼 사라진 스승을 향하여
하나는 두 손을 합장하고 깊은 절을 쉬지 않고 하고 있었습니다.

하나가 온 마음을 다하여 천천히 절을 하다가 앞을 보니 스승이 사라진 그 자리에 희미하게 보이는 것이 있었습니다.

포도나무 한 그루였습니다.
죽은 나무처럼 보였습니다.

그 포도나무에서 영적인 메시지가 전달됩니다.

하나야 나다
생명인 나다
영원한 생명인 나다

시작 때부터 있었고

*** 당당히 나라고 할 수 있는 자**

하나는 스승이 사라진 바로 그 자리에 포도나무가 있는 것은

하나가 바로 그 포도나무를 보며
끊임없이 쉬지 않고
수행해야 한다는

스승의 깊은 가르침으로 받아들입니다.

하나가 포도나무에 가까이 다가갑니다. 죽은 것 같은 포도나무의 뒤로 돌아가 자세히 보니 포도나무에서 이파리하나가 거꾸로 나기 시작하고 있었습니다.

자세히 보아라
항상 어떤 상황에서도
설령 다른 모습으로라도
생명 이파리 나오고 있다

네 가슴 혼란하기만 하여 다른데 있느라
자세히 바로 그곳을 보지 않고 있을 뿐

* 희망 5

생명은 식물로 시작했다
이파리 하나 보면 살아 있는 모든 것들 감각 보인다

식물은 자연과 지구 정 가운데 있는 주인이다
이파리는 진리이며
자기를 버리고 자연 속 숨 쉬는 경건한 자에게만
그 진리 빛 비추어 준다

인류여 이제 그만
돌아갈 때이다
더 늦기 전에

* 마지막 호소

거꾸로 자라는 포도나무 이파리를 보며 **'거꾸로 매달린 열매'** 를 만들어 가는 포도나무의 일생을 눈을 감고 봅니다.

날선 칼바람 닥칠 때
더 빛나는 줄 햇빛

수시로 더렵혀진 마음
씻어 온 맑은 빗물

자기 스스로 내어 주어
떨친 것들로 된 자양분

아무것도 없는 적막 속
새로운 생명 약속하는

* 거꾸로 매달린 열매

그대는 이러 저리 발로 밟힌
향기로
슬픈 사람들을 기쁘게 하는가

멍든 오랜 시간 기다리기만 하여
오래된
사이 다시 가깝고 즐겁게 하는가

그래 그대 향기처럼
오래된 친구가 좋다

그래 그대 숙성된 색깔처럼
깊게 주름 파인 세월이 좋고
낡은 신발 색 바랜 책이 좋다

* 오래된 와인이 좋다

자연을 보면
네가 보인다
인간 보인다

네 바로 앞길 먹먹히 잘 안 보이고
아찔한 멸망만 앞 다투어 다가설 때

자연을 자세히
아주 자세히

거기서 생겨나고
거기서 사라질

* 실타래

햇빛 같은 존경심
빗물 같은 소중함
양분 같은 보살핌

이것들 없으면 죽어 버리는 것들이 있다

* 사랑, 생명 그리고 신

나는 지금 어느 편에 서 있을까
자유로움 vs. 무엇들엔가 구속됨
용서하는 삶 vs. 원한 품고 사는 삶
자연 속을 걸음 vs. 회색 빌딩 속 뜀박질
단순함 vs. 복잡함
삶 본질적 사고 vs. 이해 타산적 사고
순수한 인간 만남 vs. 이용하려는 만남

* 천사 vs.악마

겨울 그저 툭툭 치면 부스러지는 너에게서
어쩜 그렇게 복스러운 알들이 열리니
거꾸로 자라서 그러니

그렇게나 험한 고난에 터진 피부 너에게서
어쩜 그다지도 잘 뻗는 가지들 자라니
거꾸로 살아서 그러니

나하고는 반대로

* 정말 그러니

의식이 없을 때
삶의 회생 가능성이 보이지 않을 때
식물인간이라는 말까지 있을 정도로
식물 볼 때
오만 자칭 정복자 먼눈 깔고 본다

한곳에 가만있다고
움직이지도 못한다고
생각이 없다며
식물 정의를 내리기도 한다

식물은 고귀한 의식이 있다
해맑기만 한 의식

식물은 움직인다
천박하지 않게 천천히

오억 년 전부터
이 세상의 주인으로
지금까지 아주 천천히
세상 모든 것 움직이고 있다

무엇이 그렇게 급한지
스스로 빨리 사라지려고
매일 헉헉 거리는

근시로 원시로 난시로 진화해
실체 앞에 사시된
호두알 한 쪽만 발달된
동물의 눈으로는 잘 안 보이지만

* 모든 삶 깊은 중심에

'왜 꽃들이 필까
왜 씨앗 심어질까' 를
생각하는 사람들은

행복하다

'왜 열매 맺어질까
왜 잎이 무성할까' 를
생각하는 사람은

행복하다

'왜 단풍이 들까
왜 낙엽이 질까' 를
생각 할 수 있는 사람은

행복하다

'왜 바람이 불까
왜 서리 내릴까' 를
생각하는 사람들은
행복하다

자연 속에서 태어나
자연 속으로 돌아갈
존재여

봄 여름 가을 겨울 의미를
아는 사람은
정말 행복하기만 하다

* 진복(眞福) 4단

포도나무의 겉은 까칠하기만 하였지요.
하나는 마음으로 땅속의 뿌리까지 보게 됩니다.

내 살갗 타들어 갔을 때
뿌리가 한 치 자랐고

내 마음 얼어붙었을 때
잔뿌리 두 치 자랐고

* 그대 성장 동력

하필이면 겉까지 까칠까칠 할까
짜증이 까칠하게

거친 나무에서 그 풍성한 수확이
감사가 풍요롭게

* 보는 관점

하나는 앞으로 열려질 포도 열매 속 까지 깊게 보며 생각합니다.

열매만 보는 사람들아
낮보다 더 진한 밤 내내 떨고 또 얼었고

행복만 보는 사람들아
고통 시련 천둥과 번갯불 그슬림 속 자란

알려고만 하는 사람들
깨닫지 못하면 사라질

* 얄팍하기만 한 그대

사과 한입 베어 물고
달다고 말하는 그대들

배 두입 잘라 씹으며
시원하다고 말하는 그대들

긴 밤 떨고 또 떨었는데
긴 낮 목이 타들어 갔는데
이 같은 날 수 없이 보내 왔는데
달리가 있나

ㄸㅡㄹㅐ뜨름한 맛
씁쓰름한 맛

그래 달 리가 있나
그대가 맛 알 리가 있나

* 그럴 리가 있나

포도나무의 열매를 잘 맺으려면
가지를 많이 쳐내어야 한다는 것도 알게 됩니다.

당신에게 묻습니다
당신 어떤 꽃 피우고 있는지
어떤 향기 나는

당신에게 거듭 묻습니다
당신 어떤 열매 맺으려 하는지
어떤 맛 나는

당신에게 거듭거듭 묻습니다
당신 무슨 나무라고 생각하는지
낙엽 지는데

* 나에게 묻는다 2

하나는 포도나무를 보며 이 지구의 모든 것은 자연에서 왔으며 식물과 동물은 '자연에서 태어나 자연의 섭리대로 살다가 자연으로 돌아가야만 하는 존재' 라는 매우 단순하고 평범한 진리를 봅니다.

진리라며 두꺼운 책 내밀고
진리라며 많은 말 하는 것은
진리가 아니다

진리는 그저 간단하고
명료하다

사랑하다가 죽어가라고
용서하면서 죽어가라고

* 진정으로 살려면

그대 돌아선 초라한 등이 그렇게
아름다운 것은
눈물 떨어져 땅이 푹 꺼지는 것을
처음 본 것은

모두 마지막 새 빨간 낙엽 떨어지는
바람 한 점 없는 보름 달 밤이었지요

그러나 어쩌지요 그대 떠나주어
이 쓸쓸한 충만감 어디서 올까요

* 가을 찬가 아다지오 (adagio)

하나는 포도나무의 메시지를 읽습니다.

'너는 이미 이세상의 모든 것은 하나로 연결되어 있다는 것을 안다. 나의 뿌리를 다시 보고 또 보라. 그 많은 잔뿌리가 연결되어 있듯이 세상 살아 있는 것은 모두 연결되어 있다. 오로지 인간만이 자기네 스스로를 지구 정복자로 착각하며 자연과 동 떨어져 망상 속에 살면서 온갖 재앙을 초래하고 있구나…'

이제 겨울 앞 가을 잎 다 떨어진 길목에서
이제 모든 자연 쉬려고 하는데

인간만 시절 거스르며
항상 봄이고 여름이며

*** 인간 행복 거스르며**

포도나무의 메시지가 계속 됩니다.

'흙에서 나서 흙으로 돌아갈 인간들. 너희는 흙, 물, 불 속에서 태어나 햇빛, 바람과 같이 하다가 태어난 곳으로 돌아간다.'

하나는 생각합니다. '자연에 거스르던 사람들. 자기 행복에 스스로 거스르던 사람들. 이제 참으로 거꾸로 살 때가 되었다.'

나는 이제 생각 안한다
고로 나는 존재할 수 있다

*** 데카르트의 오류**

'이젠 무엇을 할까하고 목표를 세우는 것이 아니고 무엇을 하지 않을까, 어떻게 목표를 세우지 않을까에 목표를 세워야 하지. 그동안 기대왔던 과학이나 지식 그리고 종교까지도 나의 생명 나의 존재에 어떤 깊은 기쁨을 가져다주었는가를 준엄하게 물어볼 때다.

감정에 따라 살았다면
생각에 따라 살았다면
오감에 따라 살아왔다면
그래서 인류가 진정으로 행복하지 않았다면

이제
감정을 넘어
생각을 넘어
오감을 넘어야 하고

어디 밖에서 구원을 구하여
그 오랜 세월동안 구원을 목격하지 못했다면
어제 구원된 것 같다가도 오늘 그대 행동 변함이 없다면
이런 쳇바퀴에서 벗어나지 못했음을 솔직히 인정한다면
이제 진정한 구원 대상을 찾아야 한다.

지금 살아왔던 정반대인 거꾸로
사람 하나하나마다
자기 참 자아
즉
나는 오로지 나만이 구할 수 있다는 자각을 하여야 한다.'

하나는 이런 생각을 하며
이파리에 가까이 손을 대자

그 이파리에서 서서히 빛이 나는 것이었습니다. 화려하지도 밝지도 않은 은은한 색의 빛이었지요.

춘하추동을 보라
지구는 지금 겨울 앞에서 떨고 있다
춘하추동을 보라
당신은 지금 어느 계절에 와 있는지

씨앗을 뿌려야 하는지
잎을 무성히 내어야 하는지
열매를 맺어야 하는지
모든 것을 내려놓아야 하는지

*** 간단한 아주 간단한 그래서 진리인**

하나는 이파리 빛을 보며 지구의 모든 것들은 이제

다시 살아나기 위해서

존재하는 것
갖고 있는 것

다 떨어내고 **'거꾸로 거꾸로 혁명'** 하여야 한다는 것에 다시 한 번 확신을 하고 스승의 혁명 선언을 모든 사람들에게 알려야 한다고 생각합니다. 이제 하나는 이파리 빛 사이 너머로 거칠고 작기만 한 빈 배 하나를 보게 됩니다.

그 배는 죽은 포도나무로 만든 낡고 거칠어 보이는 빈 배였습니다.

누가 불을 지르겠느냐
어느 누가 돌을 던지겠느냐

풍랑을 만나도 가라앉지 않고
벼락도 맞지 않을 그곳에

* 빈 배에

폭풍으로 모든 배 침몰하고
살아남은 배 하나

얇은 나무 빈 배

* 피안(彼岸)

배는 더럽고 지저분하기 이를 데 없는 검은 강 위에 떠 있었지요.

걸쭉하여 잘 흐르지도 못하는

온갖 오물로 엉키어 뭉쳐진
얼음보다 더 차갑기만 한

* 그대 마음속의 강

빈 배는 뭍에서 어느 정도 떨어진 거리, 강물 위에 떠 있었으므로 하나는 배를 타기 위하여 강물로 걸어 들어갑니다.

천천히
아주 천천히

발바닥이 분노 번뇌의 미끄러운 자갈에
미끄러져 빠지지 않도록

천천히
아주 천천히 느끼며

* 빈 배에 타려면

하나는 그 빈 배를 타고, 이상한 색 차라리 회색이라고 해도 좋을 만큼의 야릇한 색 안개가 자욱한 강을 건넙니다. 배는 돛이 있는 것도 아니고 배를 젓는 노가 있는 것도 아니었습니다. 하나가 마음 비운 것을 유지하며 숨을 길게 내쉴 때마다 조금씩 조금씩 배가 스스로 안개 속을 헤쳐 나가는 것이었습니다.

배가 회색안개 속, 검은 강물을 서서히 건너가며 하나는 이상한 감정을 느낍니다. 오른쪽 등 뒤로 무엇이 스르르르 나오는 것 같은 기분을 느꼈습니다.

날개였습니다.

한쪽 날개
오른쪽 한 개의 작은 녹색 날개.

날개가 솟아나자
안개가 서서히 걷히며 멀리 섬이 하나 보이기 시작하였습니다.

멀리 보이던 섬이 점점 가까워집니다.
아름다운 섬이었습니다. 그 섬과 가까워지며 자세히 보니 섬 피안에 하얀 옷을 입은 사람이 보였습니다.

놀랍게도
정말 놀랍게도…

하노였습니다.

하나의 품에서 마지막 숨결을 하나의 깊은 마음속에 아프게 심어 놓고 떠난 하노가 손을 흔들며 환하게 웃고 있었습니다. 하나가 잘못 보았나 하며 다시 자세히 보았지만 분명 하노였습니다. 하노를 보고는 하나의 마음이 몹시 흔들리기 시작하였습니다.
마음이 흔들리는 순간 배가 몹시 흔들리며 뒤집혀지려 하였지만,

다행히도 배는 이미 강가에 다가가 있었기 때문에 하나는 검은 강에 빠지지는 않았습니다. 하나의 배가 닿은 섬의 모래는 모래라기보다는 하얀 쌀 같은 백사장 이었지요. 하나는 이 곡식 같은 모래를 밟고 하노를 향하여 달려갑니다. 모래는 하나가 발을 디딜 때 마다 살살 사각사각 하는 정겨운 소리를 내어 주었습니다.

얼마 가지도 않았는데 이미 온 힘으로 달려온 하노를 마주합니다.

둘의 숨에 찬 거친 숨소리가 들리는 것도 잠시였지요. 둘의 아랫눈썹에 맑은 눈물이 그들 마음처럼 애틋하게 매달리기 시작하였습니다. 하나와 하노는 서로 부둥켜안고 아무 말 없이 울고 또 웁니다. 아무 말이 필요 없었습니다. 울다가 '이것이 혹시 꿈이 아닐까' 하고 생각하여 보았지만 꿈이라도 좋았습니다. 그저 그들은 그렇게 하염없이 눈물을 흘리게 됩니다. 마치 이 세상이 끝 날 때 까지 그렇게 울고 있을 것처럼 말 이예요.

한참 후에 하노는 눈물을 닦으며 말문을 엽니다.

하노가 죽어갈 때 믿기 힘든 놀라운 일이 일어났다는 것이었습니다. 하나가 흘린 진실의 눈물이, 하노의 상처에 스며들어 상처가 무덤 속에서 나아가기 시작하였으며 하노는 드디어 살아난 뒤에 무덤에서 곧 걸어 나왔다고 하였습니다. 그리고는 하노도 빈 배를 노를 저어 섬에 먼저 와 있었다고 합니다. 빈 배를 타고 오며 이상하게도 자기의 왼쪽 등 뒤로 하얀 날개가 나기 시작했다며 접었던 날개를 보여주었습니다.

왼쪽 한 개의 날개

깃털이 얼마 길지 않은 작은 왼쪽날개였습니다. 하노의 말을 들은 하나는 온 몸에 뜨거운 불이 붙은 듯 마음이 복 받치기 시작하며 숨쉬기가 어려울 정도로 더 울기 시작하였습니다. 울면서 하나는 자기의 오른쪽 뒤로 곱게 접혀 있던 작은 오른쪽 날개를 살며시 보여 줍니다.

둘이는 서로 흐느끼며 다시 힘껏 서로 꼭 끌어 안습니다.
그때 둘이는 이상한 기분을 느끼기 시작합니다.

몸이 가벼워지는 느낌이 들면서
하늘로 서서히 공중 부양되는 하나와 하노.

하나의 오른쪽 녹색날개와 하노의 왼쪽 하얀 날개가 점점 커지기 시작하더니 둘의 몸길이만큼 커져 갔습니다. 이제 둘이는 큰 날개를 펄럭이며 서로 보조를 맞추면서 하늘로 날아오르게 됩니다.

하나와 하노는 감격하며 점점 하늘 높이 날아오릅니다. 그러면서 하노는 자기가 큰새에게 키워졌던 생각이 잠시 났고, 하나는 그동안 만났던 하늘을 나는 스승들 생각이 문득 났지요.

그러한 생각들이 어지럽게 들어오고 나가고 하는 순간,

그때였습니다. 바로 그때 강물이 바닥에서부터 힘차게 솟구치기 시작하였습니다. 그 검고 지저분하고 너저분하기만 한 강물 속에서 무서운 속도로 떠오르는 검은 물체가 있었지요.

꼬리였습니다.
큰 꼬리.
검은 갈고리가 다닥다닥 다다닥 붙은 꼬리.

사라졌던 네 머리 괴물 그림자의 큰 꼬리가, 매캐한 냄새를 풍기는 강물을 툭툭 떨어트리면서, 큰 원을 그리며 갑자기 튀어 나오는 것이었습니다. 그 거대한 꼬리는 회오리바람을 일으키며 슈우웅 올라오더니, 힘차게 하노의 날개 쪽을 파팍 친 후에 하노의 심장근처까지 스윽 찌르고 맙니다. 순식간의 일이었습니다. 한 번도 대항하여 보지 못하고 하늘에서 피를 흘리면서, 외마디 소리를 지르며 땅으로 빠르게 떨어지는 하노. 하노는 떨어지며 처참한 모습으로 하나를 향하여 손짓을 합니다. 처절한 손짓이었습니다.

한 개의 날개밖에 갖지 않은 하나도 떨어지는 하노의 뒤를 이어 땅으로 떨어지기 시작하였습니다. 피를 흘리며 비참한 모습으로 떨어지는 하노를 보는 하나의 마음은 부스러지어 하늘로 잘게 잘게 퍼져나갑니다. 하노가 땅에 풀석하며 떨어지고는 하나도 바로 하노 곁에 떨어져 큰 부상을 입게 되었습니다. 사랑이 추락하면 세상의 모든 것이 정지 하는가 봅니다. 시간도 말이지요.

하노는 곁에 떨어진 하나를 지켜보며

"하나… 미안해… 두 번씩이나…." "사랑……."

하노는 말을 잇지 못하기 시작하였습니다.

하노는 숨을 거칠게 몰아쉬며 피가 묻은 자기의 한쪽 날개 깃털을 뽑아 하나에게 어렵게 쥐어줍니다. 이것은 용서의 깃털이라며….

하노가 다시 죽어가는 모습을 보며 아픈 마음은 물론이고, 자기가 입은 부상통증에도 불구하고 가슴 깊은 곳에서부터 밀려오는 괴물을 향한 복수심으로 불타는 하나를 향하여 하노는 하나의 손을 꼭 잡고 힘겹게 이야기합니다.

"하나… 진정한…승자는 적…을 죽이는 것이…아닌 것…같아.

용서…를 하렴."

하노는 죽어가는 고통 속에서도 하나의 눈동자에 비친 복수의 그림자를 볼 수 있었습니다.

"용서."

"그것… 하나부터… 시작하렴……. 나도 이제 하나의 마음을 읽을 수 있어…. 우리는 거꾸로 하여야 하는 것… 알… 잖아….

거꾸로…… 용…서 하렴. 싸워 이겨… 쟁취하고 얻으려 하지 말고 승리의… 깃발을 쫓지 말고… 나…처럼 실패…하는… 나…처럼 폭력…으로 대항하는… 어리석은 자…가 되지 말고… 성공하는 혁명가……가 되어 주렴.

이제… 거꾸로

너…… 자신의… 마음속에…… 깊이 박혀 있는 미움과… 분노를…
너…의 영혼 속에 피를 흘리고 있는… 그 원한을…
그만 놓아주렴. 진정한… 승리자는
자기를 그리고 남…을 용서하는 자이지 않겠니….

하…나… 용…서……를……."
이 말을 마지막으로 하노는 하나의 손을 놓고 맙니다.

하나는 힘 없이 떨어지는 하노의 손을 놓치는 순간 가슴이 덜컥 꺼지는 것을 느낍니다. 머리가 하얗게 되고 있었습니다. 진정 사랑하는 이를 두 번 씩이나 앗아가는 갑작스러운 충격은 비정하게도 눈물까지 빼앗아가나 봅니다. 하나의 흐르는 눈물이 갑자기 그치게 되면서 하나는 많은 생각을 하게 됩니다.

'산다는 것은 무엇일까? 그리고 죽는다는 것은 무엇일까?
왜 살아 있는 것들은 모두 나를 떠나고 죽어가야만 하는 것일까?
이렇게 죽음이 가까이 있는데도 사람들은 왜 죽음에 대하여 아는 것이 그렇게 없을까? 왜 사람들은 삶도 모르고 죽음도 모를까?
왜 사람들은 죽음에 대하여 말하는 것을 꺼리기만 할까?
왜 죽기 직전에야 꼭 쥐기만 하였던 주먹을 펴게 되는 것일까?
왜 좀 더 빨리 모든 것을 내려놓고 행복하게 마무리를 못할까?'

내가 죽은 그 다음날
허밍버드 두 마리 뒤뜰 그렇게 경쾌하게 날아다녔다
아무 일도 없었으므로

내가 죽은 그 다음날
조간 신문 들 신문 내용처럼 아무렇게나 던져지었다
아무 일도 없었음으로

내가 죽은 그 다음날
여러 개 페이먼트 고지서 낡은 우체통 속 날아들었다
아무 일도 없었으므로

나의 뇌파 지평과 같이하고 눈 심연 풀어져 버리면
하늘 한 구석 말리고 아는 이들 삶 노랗게 부러지며
상심한 한숨 번개 끝 불 친구 영혼 그을리는 줄 알고

조그만 두 손 둥근 바위
양미간 골짜기 자리하고

세상 중심에 나를 놓아서
부들거리며 살아왔건만

아무렇지도

아무것도 그렇게
아무렇지도

내가 죽은 그 다음 날

* 내가 죽은 그 다음 날

네가 너 자신에게 해준 것 무엇인가

평생 너를 살리려 고생하여 온 너에게
너는 원한으로
　　미움으로
　　시기함으로 배신하여 왔다

평생 마음에 깊은 칼 박아 그 아픔
또 다른 불행 불러오는 일 하여 왔다

이제 너는 네 앞 진심으로 회개하며
무릎 꿇고 엎드려 너에게 용서 구해야 한다

남 용서하지 못하여 상처만 준
너 자신을 용서하여야 한다

* 이제 그만

나이테 너무 칭칭 감게 될 쯤
애매한 생애가 비틀거릴 때 쯤

하얀
아주 하얀 종이에

망각의 파란 약 두알
용서의 빨갛고 긴 약 한 알
포기의 노란 가루약

하루에 세 번
해 맑은 물 많이 드시면서요

* 처방전

하느님은 하나님과 싸운 적이 없다
하나님은 부처님을 미워해 본 적이 없다
부처님은 알라와 모하메드 브라마 신들과 대적한 일도 없다

하느님 하나님 부처님 알라와 모하메드 신 브라만 신 모두
네가 남을 용서한 만큼
너를 용서하실 것이다

* 용서 구해야 하는 이유

이런 생각을 하는 동안 정지하였던 시간이 풀리며 그동안 조용하였던 네 마리 괴물 그림자는 하늘에서 큰 원을 그린 후에, 오래 굶주리다가 갑자기 먹이를 찾은 독수리처럼 전 속력으로 내려오며 두 번이나 사랑하는 사람을 잃고 넋이 나가버린 하나를 공격하려 합니다.

그 순간… 하나는 괴물을 보며 스승이 말한 순도를 생각합니다. 자기를 죽이려는 원수에 대항하여 눈을 똑바로 쳐다보며 생명을 지키기 위하여 단단히 준비하여야 하는데 하나는 이 절대절명의 순간에 그만 눈을 덜컥 감아 버리고 맙니다. 그리고는 자기의 모든 것을 스스로 철저히 버리기로 합니다. 자기 스스로를 부정해 버리는 놀라운 순간이었습니다. 감아 버린 눈은 육안, 심안 이었고 이를 모두 굳게 굳게 닫아 버리자 모든 것을 볼 수 있는 영안이 급히 열리는 소리를 듣게 됩니다.

벼랑 절벽 장애물 앞에
눈을 감지 않았었던 것

지금 앞 있는 이들에게
용서 사랑 못했던 것들

* 나 눈 뜨고 죽는 이유

가늘지만 찬란하게 떠지는 영안으로, 비추어 지는 것을 소중하고도 감사하게 쳐다보기 시작하자 하나는 그때서야 놀라운 속도로 빠르게 하나하나 깨달아 갑니다. 왜 자기의 이름이 하나이고

하나가 부족하였기에
바로 그 하나가 전부

하나가 부족한 것은
전부 이뤄지지 못한

* 하나를 향하여 축배를

동쪽으로 걸으며 서쪽 본다
물을 마시며 불꽃 생각한다
앞과 말 나누며 뒤돌아 본다

북쪽에서 부는 바람 바람일 뿐
남향에서 피는 꽃들도 꽃 일뿐

행복 길목 나비도 날아다닐 뿐

* 한 번에 한 마음만

왜 자기가 세상을 향해 구원의 메시지를 전할 사람이 되는지를….
하나는 그 순간 완전히 사람이 됩니다. 그동안은 여러 모양으로 변하여 왔었지요. 이런 저런 모습 그리고 그림자에서 사람으로 사람에서 그림자로 변하던 모습에서 이젠 변하지 않는 영원한 사람으로 살게

되었음을 스스로 느낍니다. 그동안 여러 모습으로 변화하며, 어쩌면 구원자의 모습이 되기 위하여 진화하여 온 모습에서 이제 변하지 않는 완전한 인간이 된 것이지요. 지금 하나는 자기 스스로 자기의 그림자를 없애 버리고 만 것을 느낍니다.

벌건 곳 근처에서 스스로 빨갛게
누런 곳 가면 더 누렇게 되면서

* 스스로 구원 바라다니

새로운 사람이 된 하나는 영안이 더 크게 열리며 확실하게 보게 됩니다. 자기의 모든 감각을 닫고 5감, 6감을 넘어 용기를 갖고, 어떠한 경우에도 변하지 않는 영원한 7감을 천천히 갖게 되는 것을 말이지요. 진정한 용서를 하기는 참으로 힘든가 봅니다. 하지만 사랑하는 사람의 마지막 말을 소중히 하며 하나 자신을 위하여, 사랑하는 하노를 위하여, 그리고 모든 사람들을 위하여, 이런 저런 토를 달지 않고 하노를 죽이고 자기를 죽이려는 괴물 그림자를 아무 조건 없이 용서하게 되었습니다. 하노에게는 그렇게나 힘든 일이었던 용서이었지만 하나가 새로운 영역의 7감으로 바위 같은 용기를 갖자 완전히 용서하게 된 것이었지요.

모든 것은 네 마음속에 있다
삶의 굴곡도 용서를 위한 용기도
현명한 자에게만 다가가는 행복도
살려 하면 거꾸로 가까이 오는 죽음도
항상 하는 평화도 사람 살리는 사랑도

* 여생(餘生)의 여명(黎明)

하나는 7감도 순도를 항상 유지하여야 그 7감이 7감의 가치를 갖는다는 것을 깨닫게 된 것이었습니다. 이제 그 얻어진 불변의 7감으로 모든 것을 거꾸로 하려는 굳은 의지가 '살려는 생명' 그 자체가 되어 몸, 마음, 영혼을 일체가 되게 함을 스스로 느낍니다.

아침에 사랑하다가 저녁에 사랑하지 않는 것은
사랑이 아니다
점심에 용서했다가 밤에 다시 미워하는 것은
용서가 아니다
오늘 평화롭다가 내일 또 분란이 생기는 것은
평화가 아니다

어제 믿었다가 지금 의심하는 것을
신앙이라고 하지 않는다

그럼 인간들이
맨날 이야기하는
사랑 용서 평화 믿음은
무엇이냐

* 너희 들이 매일 하는 그것들 그거 별거 아니다

그리고는 스스로 '정신집중통일'이 되는 것을 느끼게 됩니다. 그 느낌은 참으로 스스로에게 경이로운 기분이었습니다.

그동안 모든 인류 마음들에 촘촘히 심어 있던 보복, 원한, 증오 감정을 양식으로 먹고 살아왔던 괴물은 자기 온몸에 서서히 퍼지는 진정한 따사로운 용서 기운을 느끼며 하늘에서 '커어억!' 소리치기 시작하였습니다.

나의 존재가 드러나다니
그림자 실체 알아내다니

인간들 머리가 깨치며
검은 그림자 항상 했거늘

'거꾸로 거꾸로' 앞에

그 오랜 시간
내 손아귀에 쥐어 있던
나의 양식들이 한 순간에
사라지고 말다니

* 그대 마음속 그림자

바다 같은 용기를 시작으로 펄펄 뜨거운 힘을 받은 용서의 기운이 괴물 몸에 스스슥 퍼지는 중에, '부족한 하나의 핵심, 정신집중통일'의 감각까지 하나가 갖게 되는 것을 느끼게 되자, 괴물은 하나의 엄청난 경이로운 염력의 빛을 알아채기 시작합니다. 그 빛은 시간과 공간을 초월하는 절대 불변의 힘이었습니다. 활활 타다가 식어버리는 그런 불길의 빛도 아니고, 모든 것을 서서히 꼬슬꼬슬 그슬리는 그런 햇빛도 아니었습니다. 말로 설명하기가 힘들지만 색을 억지로 표현 한다면 파스텔 무지개 색을 모두 합쳐 놓은 색이라고 할 수도 있었습니다. 그 신비하기만 한 그 빛이 괴물을 비추자 괴물은 서서히 하늘에서 조각나면서 푸석 푸석 부스러져 떨어지기 시작합니다. 그 추하기만 한 조각조각이 떨어질 때 마다 숨이 컥컥 막힐 정도의 악취가 코는 물론이고 눈까지 시리게 하였습니다. 그 악취들은 그 동안 인간들이 착한 척, 선 한척하며 교활하게 남들을 괴롭혀 쌓고 쌓아온 원한의 냄새였습니다. 썩고 썩은 고약하고도 매캐한 냄새이었지요.

용서는 용기이다
비겁하지 않고 자신 있는 자
행복해질 자격 있는 자만이
진정으로 용서하며 살아간다

용서한 자에게 신은 자유를 준다

* 은총 길목에서

자기가 만든 철창 속으로 들어가
그 우리 스스로 끊임없이 더럽히며

잠시도 쉬지 않고 그곳에서
이리저리 서로 부딪히고는

나갈 문이 항상 열려 있는데도
탈출만 하고 싶어 하는 원숭이

* 인간이란

희망에 한 발만 올려 놓으렴
희망은
두 발 모두 올려놓으면 때때로
빠져 떨어지고 마는 구름 같거든

두 발 모두 옮겨 놓아 빠질지라도
후회는 하지 않을
용기

바로 삶에 대한 그 용기에 두 발 옮겨 놓으렴

* 두 발 디딜 곳

바람 가르고 나는 그 노련한 기술
타고 난 것이라 생각했었지

바람만 맞으면 무릎 꿇어온 너절한 삶은
뼈 속까지 수은처럼 무겁게 가득차 온
욕으로 가득 찬 욕심 때문이었을까
교활하기만 한 교만 때문이었을까

한 번도 날아오르지 못한

* 새 뼈는 비어 있다
(날고 싶어 하는 그대에게)

남에게서 들은 것에서
다른 이 눈으로 본 것에서
선생에게 배운 모든 것에서
벗어나

철저한
자유 속
완벽한 고독 속에
네가 심각하게 듣고
네가 진실하게 보며
네가 진정으로 아프게 깨우친 것만이

* 남에게 의지하지 말라

그때 한 번 나 자신 용서 못하여
내 마음 하얀 재 되었으며

일곱 번 용서하기는커녕
그때 두 번 그를 용서 못하여
그 사람 영영 등 보였고

일흔일곱 번 용서하기는커녕
교회는 세 번조차 용서 못하여
모래알보다 많은 사람들 교회 떠났지요

* 마태오 18:22

한 번 두 번 세 번

상대가 통회하고 사죄하기를 기다리는 것
분한 마음 억울한 마음 정의를 찾는 마음
그것으로 당신 마음 타들어 간지 오래

용서는
입으로 하는 것이 아니라
가슴으로 하는 것

이제 용서해야
나의 평화를 위하여
너의 사랑을 위하여
우리의 기쁨을 위하여

* 나를 향하여 건배

너
나
한사람도 빠짐없이
가슴 깊이 박힌 시퍼런 칼 안고 살아간다
바람 불때마다 노려보며 더 잘근 잘근 잘라내는데도

너
나
모두 등 돌려 잊으려 엄한 바람 찾아 떠다닌다
그를 용서하고 그를 용서 못한 나를 용서하며
뜨거운 눈물 날 선 바람 앞에 제물로 드릴 때
그 칼 녹일 수 있다는 것 모르는 채

너
나
그렇게 잘근 잘근 죽어간다

* 천국의 첫 계단

용서는 댐과 같답니다

용서하면 댐이 무너지며
그동안 막혀 있었던

평화의 물
사랑의 물
기쁨의 물이

한꺼번에 콸콸 쏟아지게 된답니다

* 가뭄 해갈

나
너
그리고 우리는 용서로부터 시작해야 한다

나를 살리고 너는 고뇌에서 탈출하고
사람 하나하나가 남의 목에 손을 대고 힘주는
넌덜머리나는 혼돈에서 벗어나려면

* 어디서부터 시작할까

검은 강은 용서가 필요한 죽음의 강이었습니다. 하나는 그 때서야 스승이 이야기 한 '강가에 가서 알게 된다.' 라는 뜻을 깨우치게 됩니다. 네 머리 괴물 그림자가 조각조각 떨어진 검은 죽음의 강은 괴물 그림자 조각이 떨어질 때마다 물이 맑아지기 시작하였습니다.

너의 그림자가 더 어두우냐
세상 그림자가 더 더러우냐

* 너의 부메랑은 돌아오지 않는다

햇빛 푸석 말라 버리면 그림자 부스러지고
너의 그림자 증발해버리면 꿈마저 그리되고

* 나의 태양은 머리위에 있지 않는다

강물이 완전히 맑아진 다음에는 온갖 사람들 마음 쓰레기들로 묻혀 있었던 것이 서서히 드러나기 시작했습니다. 바로 무지개 성에서 사라졌던 '비밀의 향로' 였습니다. 이 향로는 세상에서 사람들 악취가 너무 심하게 넘쳐나자 스스로 강물에 몸을 던졌던 것이었습니다. 그 후 점점 더러워지는 더러움에 더욱 더 묻혀있었던 향로를 사람들은 찾을 수 없었지요. 자기의 모습을 다시 드러낸 향로는 먼저 강물에서 향기가 나게 하였습니다. 강물은 아주 은은한 파도를 일으키며 세상에 향기를 전하면서 세상에 퍼진 악취를 몰아내기 시작했고요.

향기가 온 세상에 서서히 퍼지자 오랫동안 죽음의 강 깊은 속, 무지개의 무덤에서 묻혀 있었던 '진실의 무지개' 가 한 줄기씩 서서히 장대하게 슈우우웅 떠오르기 시작하였습니다.

용서를 시작으로 이 온 세상에 무지개가 퍼지며 하늘에는 해 대신 무지개가 세상을 항상 밝히기 시작했습니다.

그동안 세상에 있었던 무지개는 해가 있을 때만 햇빛을 반사하며 나타났었지요. 외부 환경에 따라 잠시 나타났다가 곧 없어지는 기쁨의 감정처럼 낮에만 잠깐 보이다가 사라지고 마는 그런 무지개였었습니다. 하지만 지금 세상 사람들을 항상 평화롭게 하여 주는 진실의 무지개들은 낮에는 우아하게, 밤에는 고저늑하게 스스로 빛을 내며 생명들 모두에게 기쁨과 평안을 주었습니다. 진실, 진정의 무지개가 하늘에 항상 하고 부터는 태양은 찾을 수가 없었으며 이 세상 모든 것들의 그림자가 사라졌습니다. 사람들도 속과 겉이 다른 모습으로 오랫동안 살아왔던 데에서 벗어나게 되었습니다. 겉과 속, 앞과 뒤가 같아지며 사람들 상처 그리고 세상의 상처가 치유되었지요.

'세상 구원자' 가 스스로 자신을 낮추어 사람들의 아픔인 그림자의 모습이 되어, 자기의 목숨을 내어 주면서 세상 모든 그림자를 서서히 걷어가게 하는 희생자가 되었기 때문이었습니다.

그대가 보아왔던 그대
그대 알고 있던 그들

그대가 생각하며 찾아가던 무지개
진정으로 그대를 쉬게 해줄 무지개

* 비슷하지만 정말 다른 것들

무지개가 세상에 항상 있기 시작하며 세상의 살아 있는 모든 사람들은 그동안 살아 왔던 것의 반대로 '거꾸로 살기' 시작하였지요. 조직과 권력은 금세 줄어들고 사람들은 작은 것 적은 것을 아름답게 여기며 서로를 비교하지 않고 살지 않게 되었습니다. 세계의 모든 사람들의 마음에서 욕심이 빠져 나가니 사람들은 진정으로 겸손하여 졌습니다. 모두의 마음 깊은 곳에 박혀 있던 화가 녹아 없어지며 사람들 눈동자 눈동자마다 평화가 깃들었습니다. 그런 다음에서야 사람들은 말로만 하던 사랑에서 벗어나 진심으로 눈물겹게 서로 사랑하기 시작하며 진실하여 졌습니다.

축 축 늘어지는 장송곡 앞 후회 없는 삶 살았다고 하는 자는
그들도 저들도 이것저것도 사랑만 많이 하여 살아 온자 이고
후회 막심한 인생 살아왔노라고 후회하는 사람들은
행복 가로막고 있던 것 원한인지도 모르는 이들이고

* 지금 부터라도 3

사람들이 진실 되고 서로서로 진정으로 사랑하기 시작하자
땅의 모든 폭포들은

무지개가 되어
무지개로서 흐르기 시작하였습니다.

무지개 폭포는 아래로 떨어지는 것이 아니고
거꾸로 하늘로 올라가며
무지개 물방울이 힘차게 튀게 하였습니다.
그 물방울들은 사람들 숫자만큼 하늘로
서서히 올라가기 시작하더니
하늘 높이 올라가고서는
별들이 되었습니다.

사라졌던 수많은 별들이
그렇게 해서 다시 돌아오며
사람들은 다시 자기 자신들의 별들을 갖고
그 별들이 하늘에서
반짝 거릴 때 마다 자신들도 반짝 반짝 거리며
자기들의 영혼을 빛내며 살기 시작했습니다.

반짝 반짝 나의 영혼
반짝 반짝 너의 기쁨

별이 빛날 때 마다 향기로운 음악소리가
강가에, 산에, 바다에 그리고 들판에 퍼져 나갔습니다.

사람들은 그때서부터 이 세상의 모든 식물 그리고 동물들과 함께
대대로 행복하게 오래오래 살았답니다.

a시인 시 이야기 집
거꾸로 거꾸로 **행복 혁명**

2012년 10월 25일 인쇄
2012년 10월 30일 발행

지은이 a 시인
펴낸이 신 용 호
펴낸곳 창조문학사

서울 서대문구 가좌로 86 동천아카데미 5층
등록번호 제1-263호
전화 374-9011 FAX 374-5217
공급처 한국출판협동조합 전화 716-5616~9

저자와 협의에 의해 인지를 생략합니다.
파본은 바꾸어 드립니다.
저자의 인세 전액은 소외된 이웃에게
전달됩니다.
값 12,500원
ISBN 978-89-7734-330-6